BANDA DE MÚSICA E SEU MAESTRO
ALIOMAR BALEEIRO E O GOLPE DE 1964

Editora Appris Ltda.
1.ª Edição - Copyright© 2024 da autora
Direitos de Edição Reservados à Editora Appris Ltda.

Nenhuma parte desta obra poderá ser utilizada indevidamente, sem estar de acordo com a Lei nº
9.610/98. Se incorreções forem encontradas, serão de exclusiva responsabilidade de seus organizadores. Foi realizado o Depósito Legal na Fundação Biblioteca Nacional, de acordo com as Leis nᵒˢ
10.994, de 14/12/2004, e 12.192, de 14/01/2010.

Catalogação na Fonte
Elaborado por: Josefina A. S. Guedes
Bibliotecária CRB 9/870

	Spohr, Martina
S762b	Banda de música e seu maestro: Aliomar Baleeiro e o golpe de 1964 /
2024	Martina Spohr. – 1. ed. – Curitiba: Appris, 2024.
	143 p. : il. ; 21 cm. – (Ciências Sociais – Seção História).
	Inclui referências.
	ISBN 978-65-250-6337-9
	1. Brasil – História – Golpe empresarial-militar, 1964. 2. Ditadura - Brasil. 3. Brasil – Eleições presidenciais – 1960. I. Spohr, Martina. II. Título. III. Série.
	CDD – 981.062

Livro de acordo com a normalização técnica da ABNT

Appris
editora

Editora e Livraria Appris Ltda.
Av. Manoel Ribas, 2265 – Mercês
Curitiba/PR – CEP: 80810-002
Tel. (41) 3156 - 4731
www.editoraappris.com.br

Printed in Brazil
Impresso no Brasil

Martina Spohr

BANDA DE MÚSICA E SEU MAESTRO
ALIOMAR BALEEIRO E O GOLPE DE 1964

Appris
editora

Curitiba, PR
2024

FICHA TÉCNICA

EDITORIAL — Augusto Coelho
Sara C. de Andrade Coelho

COMITÊ EDITORIAL — Ana El Achkar (Universo/RJ)
Andréa Barbosa Gouveia (UFPR)
Antonio Evangelista de Souza Netto (PUC-SP)
Belinda Cunha (UFPB)
Délton Winter de Carvalho (FMP)
Edson da Silva (UFVJM)
Eliete Correia dos Santos (UEPB)
Erineu Foerste (UFES)
Erineu Foerste (Ufes)
Fabiano Santos (UERJ-IESP)
Francinete Fernandes de Sousa (UEPB)
Francisco Carlos Duarte (PUCPR)
Francisco de Assis (Fiam-Faam-SP-Brasil)
Gláucia Figueiredo (UNIPAMPA/ UDELAR)
Jacques de Lima Ferreira (UNOESC)
Jean Carlos Gonçalves (UFPR)
José Wálter Nunes (UnB)
Junia de Vilhena (PUC-RIO)
Lucas Mesquita (UNILA)
Márcia Gonçalves (Unitau)
Maria Aparecida Barbosa (USP)
Maria Margarida de Andrade (Umack)
Marilda A. Behrens (PUCPR)
Marília Andrade Torales Campos (UFPR)
Marli Caetano
Patrícia L. Torres (PUCPR)
Paula Costa Mosca Macedo (UNIFESP)
Ramon Blanco (UNILA)
Roberta Ecleide Kelly (NEPE)
Roque Ismael da Costa Güllich (UFFS)
Sergio Gomes (UFRJ)
Tiago Gagliano Pinto Alberto (PUCPR)
Toni Reis (UP)
Valdomiro de Oliveira (UFPR)

SUPERVISOR DA PRODUÇÃO — Renata Cristina Lopes Miccelli

PRODUÇÃO EDITORIAL — Daniela Nazario

REVISÃO — Pâmela Isabel Oliveira

DIAGRAMAÇÃO — Ana Beatriz Fonseca

CAPA — Mateus Porfírio

REVISÃO DE PROVA — Bruna Santos

COMITÊ CIENTÍFICO DA COLEÇÃO CIÊNCIAS SOCIAIS

DIREÇÃO CIENTÍFICA — Fabiano Santos (UERJ-IESP)

CONSULTORES

Alícia Ferreira Gonçalves (UFPB)	Jordão Horta Nunes (UFG)
Artur Perrusi (UFPB)	José Henrique Artigas de Godoy (UFPB)
Carlos Xavier de Azevedo Netto (UFPB)	Josilene Pinheiro Mariz (UFCG)
Charles Pessanha (UFRJ)	Leticia Andrade (UEMS)
Flávio Munhoz Sofiati (UFG)	Luiz Gonzaga Teixeira (USP)
Elisandro Pires Frigo (UFPR-Palotina)	Marcelo Almeida Peloggio (UFC)
Gabriel Augusto Miranda Setti (UnB)	Maurício Novaes Souza (IF Sudeste-MG)
Helcimara de Souza Telles (UFMG)	Michelle Sato Frigo (UFPR-Palotina)
Iraneide Soares da Silva (UFC-UFPI)	Revalino Freitas (UFG)
João Feres Junior (Uerj)	Simone Wolff (UEL)

Ao meu filho, Gael.

APRESENTAÇÃO

Arquivos pessoais são fonte de consulta inestimável. Pesquisadores, jornalistas, documentaristas, entre outros profissionais, percorrem instituições, físicas e virtuais, em busca de fontes primárias para fundamentar seus projetos e suas pesquisas. E, esses arquivos podem conter documentos que inspiram novas linhas de pesquisa. Assim foi produzido o texto A relação civil-militar no golpe de 1964: o caso de Aliomar Baleeiro, trabalho de conclusão do curso de bacharelado em História, elaborado em 2006 por Martina Spohr. Voltemos dois anos. Martina candidatou-se ao estágio no CPDOC. Jovem estudante defendeu seu interesse em integrar a equipe do Centro – redação, carta de intenção e entrevista. Eu, pesquisadora do setor de Documentação, a entrevistei e ela foi uma das selecionadas, naquele ano de 2004. Rapidamente, a escolhi para trabalhar comigo na organização do arquivo Aliomar Baleeiro, doado ao Centro em 2000, pela viúva Darly Baleeiro. Aliomar, político baiano, foi constituinte em 1946, deputado estadual pela Bahia (1946-1959), deputado federal pela Guanabara (1963-1965) e Ministro do Supremo Tribunal Federal, de 1965 a 1975. Assim que Martina mergulhou na leitura e ordenação dos documentos, não foi difícil perceber que o arquivo Aliomar Baleeiro havia fisgado a futura pesquisadora e professora da Escola de Ciências Sociais CPDOC FGV. Entre os quase 1600 documentos, estavam sete cadernos contendo 872 páginas manuscritas – os diários pessoais de Baleeiro - que cobrem os anos de 1910 a 1978. Esse encontro acendeu a chama de futuros projetos acadêmicos. Na pg. XX, pode-se ler: Como é possível observar [...], os diários políticos de Aliomar Baleeiro constituem uma fonte histórica essencialmente primária, dotada de uma lógica temporal e de uma abrangência considerável, abrindo múltiplas perspectivas de pesquisa histórica. Dotada de uma visão particular, a partir de um ator político importante e influente em seu meio, a fonte se destaca, também, pelo ineditismo e originalidade. E o objeto principal de análise passa a ser o terceiro caderno, escrito entre os anos de 1955 e 1966, destacando-se os antecedentes do golpe e a crise que resultou no Ato Institucional nº 2, decretado em 27 de outubro de 1965. Os cadernos originais podem ser consultados, no CPDOC, sob o código AB pi Baleeiro, A.1910.00.00. Martina ainda recorreu a outra fonte primária - os discursos parlamentares proferidos na Câmara Federal que integram os anais do Congresso Nacional. Agora, com o lançamento de Banda de música e seu maestro: Aliomar Baleeiro e o golpe de 1964, no momento em que deflagração do golpe completa 60 anos, Martina resgata seu texto, produzido no início de sua carreira como pesquisadora, como inspiração para aprofundar o tema e a análise da atuação dos atores políticos que regeram os momentos cruciais que culminaram com a queda do presidente eleito João Goulart e a ascensão do regime militar que se instalou no país por 21 anos.

Adelina Novaes e Cruz

Pesquisadora da Escola de Ciências Sociais FGV CPDOC

PREFÁCIO

Este *Banda de música e seu maestro: Aliomar Baleeiro e o golpe de 1964* que Martina Spohr apresenta agora ao púbico leitor se insere em uma temática geral da história política brasileira ainda carente de muito aprofundamento empírico e teórico: o caráter do regime ditatorial que constrangeu o país de 1964 a 1988. Apesar de sessentão, o golpe que depôs João Goulart permanece suscitando discussões, tanto entre especialistas quanto nos mais variados segmentos da sociedade brasileira. Da mesma maneira, o regime político ditatorial a que ele deu início e findou com a promulgação da Carta constitucional de 1988.

O golpe e o regime foram, durante muito tempo, entendidos como exclusivamente militares. Com isso, obscurecia-se a evidente participação de civis em um e n'outro. O avanço das pesquisas historiográficas e jornalísticas, contudo, resultou na elaboração da expressão "civil-militar", que permitiu incorporar essa participação aos esquemas explicativos do golpe e do regime. A expressão passou a ser aplicada a partir de duas acepções. Uma enfatiza a participação de não militares no golpe e o apoio de civis ao regime ditatorial militar, apontado, inclusive, como um dos elementos explicativos da sua longevidade. Basicamente, a categoria "civis" é tomada como uma realidade homogênea e as suas eventuais diferenciações internas não são consideradas importantes para a compreensão da dinâmica do regime ditatorial. "Ditadura civil-militar" talvez seja a caraterização predominante na historiografia brasileira e no jornalismo político. Em outra acepção, enfatiza-se o óbvio fato de ter sido a ditadura, ou melhor, o "regime autoritário" produzido pela própria sociedade, agora adjetivada de civil. "Ditadura civil-militar", neste caso, diria respeito a um arranjo político em que tendências autoritárias de longa duração presentes na sociedade brasileira acumpliciariam indistintos civis e militares.

Desde 1981, porém, a historiografia dispõe de um estudo que operacionalizou pioneiramente a expressão "ditadura civil-militar". A publicação de *1964: a conquista do Estado*, produto da tese de doutorado de René Armand Dreifuss (1945/2003), cientista político e historiador uruguaio-brasileiro, abriu perspectivas inovadoras e fundamentais para as pesquisas sobre o golpe e a ditadura. Tendo trabalhado com os arquivos de uma das principais articulações golpistas da primeira metade da década de 1960 – o Instituto de Pesquisas e Estudos Sociais (Ipês) –, Dreifuss desvendou o conteúdo da participação "civil" nesses eventos. Mostrou a ação articulada de representantes de interesses econômicos multinacionais e associados a nacionais na liderança de vários outros segmentos "não militares" da sociedade brasileira. As suas descobertas lhe permitiram cunhar as expressões "golpe empresarial-militar" e "ditadura empresarial-militar". Longe de ignorar ou subestimar o papel de outros segmentos, a opção por ver o golpe e a ditadura como expressão de fatores – fundamentalmente – empresariais e militares conduziu a uma descrição e um entendimento mais precisos do golpe e da ditadura. Indica aqueles elementos – dentre a frente golpista e as composições de governos ao longo do regime – que determinaram os rumos gerais dos processos e acontecimentos pós-1964.

É nesta linha interpretativa que a pesquisa desenvolvida por Martina Spohr dá uma importante contribuição ao estudo do golpe e da ditadura. Aliomar Baleeiro (1905-1978) é entendido – sob inspiração de Antonio Gramsci – como um "intelectual orgânico" da ditadura empresarial-militar. Nesta condição, desempenhou o papel de dirigente político na articulação de interesses conservadores em um momento histórico pontuado por graves crises políticas, de governo e de regime, que tensionaram sobremaneira as relações entre civis e militares, em pleno processo de intensificação desde meados da década de 1940.

A criação da Escola Superior de Guerra (ESG), em 1949, constituiu um ponto de virada nesse processo, proporcionando a ampliação e o aprofundamento dos laços de identidade ideológica entre militares e civis. René Dreifuss entendeu esses laços como indicativos de uma "congruência ideológica". Os seus eixos seriam constituídos pela defesa da ordem capitalista, da associação com o capital estrangeiro como estratégia de desenvolvimento, de uma democracia elitista e restrita, tudo sob a regência do anticomunismo típico da chamada Guerra Fria.

Aliomar Baleeiro foi um dos liames entre civis e militares no processo que levou à crise final da ordem política baseada na Constituição de 1946. A leitura do livro de Martina Spohr o mostrará inserido em um amplo arco de atividades políticas. Um dos fundadores da União Democrática Nacional (UDN), em 1945, compartilhou os impasses de um partido que jamais conseguiu chegar ao poder em nível nacional pelo voto, tendo vivido apenas um breve sonho com a eleição de Jânio Quadros, que apoiou e em cujo governo (janeiro-agosto de 1961) ocupou importantes posições.

A partir da posse de João Goulart na Presidência da República, em substituição ao renunciante Jânio Quadros, a militância política de Baleeiro se caracterizou por um destacado papel de liderança na estratégia de desestabilização do governo adotada pela UDN, que conduziria ao golpe de 1964. Integrante da corrente interna do partido apelidada de Banda de Música – pelo estilo altissonante com que fazia acirrada oposição aos governos federais desde inícios da década de 1950 –, assumiu posição em face das principais questões em pauta na cena política. Uma das principais foi a luta contra o comunismo, supostamente em expansão no Brasil sob o patrocínio do presidente João Goulart e seus apoiadores.

Baleeiro engajou-se, a partir de 1963, em uma campanha de denúncias da "guerra revolucionária comunista" que estaria em andamento no Brasil, já em estágio avançado. Tratava-se da transposição, para o Brasil, do cenário geopolítico internacional, marcado pela guerra ideológica entre os blocos comunista e capitalista, liderados, respectivamente, pela União das Repúblicas Socialistas Soviéticas (URSS) e Estados Unidos. O seu companheiro Bilac Pinto, deputado federal pela UDN, introduziu a questão da "guerra revolucionária" no plano político, acusando o presidente João Goulart de utilizar o governo para estimular a formação de uma "república sindica-lista" no país.

Esta linha de atuação ensejou a Aliomar Baleeiro a aproximação com oficiais da Escola Superior de Guerra, usina de elaborações político-militares sobre a "segurança nacional" e onde o tema da "guerra revolucionária comunista" fora integrado aos planos de estudos em fins dos anos 1950. Nesta época, estabeleceu laços com o general Humberto de Alencar Castello Branco, com forte presença na ESG e que viria a tornar-se o primeiro presidente do regime ditatorial que se seguiu ao golpe de 1964.

As relações entre Baleeiro, os seus companheiros da Banda de Música e militares aponta, portanto, para esse elemento estruturante do golpe e do regime ditatorial: a conexão civil-militar. O livro de Martina Spohr detalha a dinâmica desste laço a partir de informações contidas no arquivo pessoal de Baleeiro. Os seus diários e manuscritos, de forte conotação política, e a sua correspondência constituem a base da análise do seu relacionamento no interior da UDN e com militares. Neste material, destaca a autora, percebe-se a intensificação do relacionamento entre eles nos momentos finais do governo de Goulart, quando Baleeiro descreve as reuniões que vinha tendo com Castello Branco e outros importantes elementos da oposição ao governo de João Goulart, para discutir a crise nacional.

Duas informações contidas nos arquivos são particularmente indicativas da identidade ideológica entre o político e o militar. Uma dá conta de que Castelo Branco teria telefonado a Baleeiro logo que seu nome foi escolhido pelas forças golpistas para o cargo de presidente da República, nos primeiros dias de abril de 1964, para comentar que ele fora a primeira pessoa a cogitar o seu nome e agradecer-lhe a lembrança. Outra, de que Aliomar Baleeiro escreveu o discurso de posse de Castello Branco, quase na íntegra. O laço subsistiu durante a ditadura. Baleeiro foi nomeado ministro do Supremo Tribunal Federal (STF) em 1965, quando o governo Castello Branco, enfrentando uma crise político-militar e problemas com a

Corte, baixou o Ato Institucional n. 2, que, entre outras medidas, criou cinco vagas na mais alta instância do Judiciário.

Quando se comemoram – criticamente, bem entendido – os 60 anos do golpe de 1964, *Banda de música e seu maestro: Aliomar Baleeiro e o golpe de 1964* cumpre importante papel metodológico. Oferece evidências de que a análise de um fato político coletivo a partir de um agente individual pode ser um fecundo caminho para a compreensão de processos de amplas dimensões históricas.

Renato Luís do Couto Neto e Lemos

Instituto de História / Universidade Federal do Rio de Janeiro

SUMÁRIO

INTRODUÇÃO 17
1. Das primeiras notas 17
2. Do método 19
3. Do debate teórico: o conceito de elite 21
4. Dos norteadores estruturais: periodização do golpe e do regime 32
5. Dos norteadores conceituais: o elemento civil 40
6. Do objeto: fontes e contexto 51
7. Do personagem: Aliomar Baleeiro em breves linhas 54

CAPÍTULO 1
1. Da crise orgânica dos anos 1960: características 63
2. Da última via institucional: as eleições presidenciais
de 1960 69
3. Do aprofundamento da crise do regime populista: renúncia e parlamenta-
rismo 71
4. Das eleições legislativas de 1962 75
5. Do elemento militar: a Cruzada Democrática 79
6. Da influência ideológica: a Doutrina de Guerra Revolucionária 81

CAPÍTULO 2
1. Da articulação de classe da elite orgânica: Bilac Pinto e as teses de Guerra
Revolucionária 93
2. Do personagem: Bilac Pinto em breves linhas 93
3. Da estratégia contrarrevolucionária da elite orgânica: a união em torno do
inimigo comum 97

CAPÍTULO 3
1. Do personagem: Castello Branco em breves linhas 111
2. Do chefe do Estado-Maior do Exército e a guerra revolucionária 113
3. Da aproximação entre um militar e um civil: Castello Branco e Aliomar
Baleeiro 115

4. Do dia do golpe: 31 de março de 1964 121

CONCLUSÃO – NOTAS FINAIS 127

REFERÊNCIAS 133

INTRODUÇÃO

1. Das primeiras notas

O conceito de congruência orgânica que buscamos construir neste livro foi pensado originalmente em 2006, durante a escrita do trabalho de conclusão de curso de graduação em História. Como relato sempre aos meus alunos, nossas pesquisas estão e estarão sempre em movimento. Durante meu percurso no mestrado e no doutorado, reorientei meus problemas de pesquisa, busquei novas abordagens aos temas que me moviam, amadurecendo bastante o instrumental teórico da juventude recém-formada do meu texto de 2006, inédito e de circulação restrita[1].

Comecei a retrabalhar o texto em 2020, durante o início de minha estadia no exterior como professora visitante[2]. Revisitar antigos trabalhos deveria ser praxe para nós, pesquisadores. A ingenuidade e a imaturidade de alguns trechos abriram portas significativas para novos rumos. Revisitar nossos antigos trabalhos, principalmente quando não seguimos com eles, pode trazer boas surpresas. Por exemplo, o início de um amadurecimento teórico. Bebendo nos estudos iniciais de minha carreira, pude observar o esforço eloquente que precisei fazer elaborando a reflexão teórico-metodológica base do meu trabalho. Foi possível, também, acompanhar a evolução da historiografia da ditadura brasileira e as mudanças que esses 18 anos de trajetória intelectual pessoal completos agora em 2024 trouxeram para o debate.

Este preâmbulo tem como objetivo maior promover uma reflexão acerca de nossos caminhos profissionais de pesquisa. Leio a

---

[1] O presente livro tem como base meu trabalho de conclusão de curso no bacharelado em História na Universidade Federal do Rio de Janeiro (UFRJ) em 2006, sob o título "A relação civil-militar no golpe de 1964: o caso de Aliomar Baleeiro", orientado pelo professor Renato Lemos.

[2] Estive como professora visitante no exterior na University of Hawaii at Manoa entre 2020 e 2023, com bolsa Capes/Print.

jovem pesquisadora recém-graduada com alegria e crítica, e identifico ali o cerne de quem me tornei hoje como professora e pesquisadora. Lembro da dificuldade de compreensão das teorias de Gramsci[3] e observo a maior facilidade com que atualmente me expresso para explicar estruturas conceituais complexas do meu autor de base. Fruto de muito trabalho e estudo, de uma intensa dedicação aos seus textos ao longo principalmente do mestrado[4], o amadurecimento teórico e a certeza de minhas bases de compreensão dos processos históricos, sempre em aprendizado, foram absorvidos ao longo dos anos e mobilizados de maneira mais assertiva em minhas análises.

A questão de pesquisa que norteou este estudo está fundamentada na proposta mais geral de interpretação do elemento civil presente no processo do golpe empresarial-militar de 1964. Sendo assim, procuramos entrender se existia, no contexto de crise orgânica dos anos 1960, uma congruência organicamente ideológica unificando setores da sociedade civil (em termos gramscianos) em prol de uma causa comum que possibilitou a construção do caminho do golpe empresarial-militar de 1964. Como hipótese central, consideramos que a trajetória de Aliomar Baleeiro e sua rede de relações indica que a atuação de civis e militares no processo de instauração da ditadura empresarial-militar no Brasil resultou do fato de pertencerem a uma "elite orgânica", compartilhando pontos de vista ideológicos em relação à conjuntura de crise e sua superação. Entendemos então que Aliomar Baleeiro agia como um intelectual orgânico da classe dominante, sendo porta-voz do ideário produzido ao longo das décadas de 1950 e 1960, acentuado no período imediatamente anterior ao golpe de empresarial-militar de 1964.

---

[3] Antonio Gramsci, intelectual sardo, e seus cadernos do cárcere são a base de minha compreensão teórico-metodológica.

[4] Nesse ponto destaco as aulas do curso de mestrado da Universidade Federal Fluminense, onde ingressei em 2008 como aluna, especialmente os debates teóricos promovidos nos cursos das professoras Virginia Fontes e Sônia Mendonça.

2. Do método

O movimento metodológico aplicado neste livro nos leva a alguns importantes aspectos. O instrumental teórico e o conceito norteador do debate, enunciados acima, serão as ferramentas de análise das fontes com as quais substancialmente nos dedicamos a este trabalho. No texto de 2006, foram utilizadas basicamente fontes com três tipos de proveniência: anais do Congresso Nacional (com transcrição de discursos proferidos na Câmara dos Deputados), o arquivo pessoal de Aliomar Baleeiro e a bibliografia da época, entendida aqui como parte do corpus documental principal.

A maturidade acadêmica nos leva, também, para a qualificação do debate sobre o uso de fontes em pesquisa histórica e suas metodologias. De suma importância foi entender a dinâmica do próprio método historiográfico aplicado, perpassando também por momentos de compreensão e mergulho em metodologias de áreas afins, com o objetivo de qualificar minhas escolhas. Sendo assim, podemos elencar que nosso método tem por base a pesquisa qualitativa substancial, com aplicação de elementos adotados do método científico para a área de História. Encaixamo-nos, portanto, dentro do campo da produção intelectual historiográfica. Buscando a interpretação dialética das questões propostas para a partida à coleta de dados em pesquisa qualitativa, qualificamos nossa opção pela condução de nossas análises por meio da interpretação das questões com base no materialismo histórico[5] como método de análise social.

Trabalhamos centralmente com fontes de arquivos. Indico, neste ponto, a particularidade metodológica que atinge a pesquisa

---

[5] De maneira bastante resumida, indicamos o conceito de materialismo histórico que subsidia nosso método de trabalho: "materialismo histórico: Expressão que designa o corpo central de doutrina da concepção materialista da história, núcleo científico e social da teoria marxista. De acordo com a 'Introdução' que Engels escreveu em 1892 para *Do socialismo utópico ao socialismo científico*, o materialismo histórico 'designa uma visão do desenrolar da história que procura a causa final e a grande força motriz de todos os acontecimentos históricos importantes no desenvolvimento econômico da sociedade, nas transformações dos modos de produção e de troca, na consequente divisão da sociedade em classes distintas e na luta entre essas classes'". BOTTOMORE, Tom. **Dicionário do pensamento marxista**. Rio de Janeiro: Zahar, 1988. p. 411.

empírica em fontes de arquivos no geral, e em arquivos pessoais, especialmente. Para embasar nosso movimento metodológico, citamos Mario Rufer quando ele diz que, para construir um arcabouço metodológico, o pesquisador deve fazer uma "reflexão epistemológica sobre suas fontes, sobre o seu objeto, sobre sua operação particular, cotidiana, de produção de evidência"[6].

A reflexão epistemológica sobre acervo pressupõe uma análise crítica e teórica sobre a construção do conhecimento, sua organização e representação em determinado contexto de produção. Visa ampliar a compreensão do conhecimento, questionar seus pressupostos e buscar aprimoramentos no processo de construção, organização e acesso ao conhecimento contido em um acervo. Nesse sentido, a reflexão epistemológica sobre o acervo pode abordar questões como: os fundamentos, a construção, a organização, o acesso e difusão do conhecimento.

Partindo dessas definições de base, destaco a importância crucial para a pesquisa acadêmica de qualidade, algo que busco atingir neste livro. Venho trazendo nesta breve introdução questões de fundo e de base percebidas por mim ao longo de minha trajetória profissional, mas que servem como alento e talvez conforto para os pesquisadores que se seguirão. Dessa forma, destaco neste ponto a necessidade de se fazerem escolhas teóricas e de maturá-las em um período de estudos incubatório, no qual nossas reflexões comecem a acontecer de maneira mormente objetiva, eu diria até mesmo intuitiva (afora o sentido astrológico do termo), pensando na absorção de categorias abstratas de maneira fluída. O mergulho teórico, que se aprofunda com os anos de estudos, é de suma importância para que, de fato, possamos produzir ciência.

---

[6] RUFER, Mario. El Archivo: de la metáfora extractiva a la ruptura pós-colonial. *In:* GORBACH, Frida; RUFER, Mario (coord.). **(In)disciplinar la investigación**: Archivo, trabajo de campo y escritura. México: Siglo XXI-UAM, 2016. p. 177-183, tradução nossa.

3. Do debate teórico: o conceito de elite

Essa digressão ao histórico deste texto faz parte da tentativa de historicizar minha própria construção intelectual. A partir de agora, e depois de árduos anos de estudo, decidi voltar a trabalhar com o conceito pensado sem muita maturidade em 2006, o de congruência orgânica. Forjado em parceria com meu orientador e amigo Renato Lemos, quem me incentivou a retomar esta pesquisa, o conceito de congruência orgânica que busco atualizar substancialmente neste livro tem suas bases em dois autores nos quais me aprofundei e aos quais me dediquei durante todos esses anos: René Dreifuss e seus dois livros-referência — *1964: a conquista do Estado: ação política, poder e golpe de classe*[7] e *A internacional capitalista: estratégias e táticas do empresariado transnacional (1918-1986)*[8] — e Antonio Gramsci em toda sua obra. O conceito de elite orgânica cunhado por Dreifuss amplia a compreensão gramsciana de intelectualidade orgânica a fim de analisar especialmente os grupos protagonistas no golpe empresarial-militar de 1964.

O conceito de elite orgânica aparece para sistematizar e categorizar nossa intenção de mostrar como a classe dominante vive politicamente, buscando compreender sua inserção social não somente em tempos de revoltas ou revoluções, mas sim em sua luta política permanente.

> Luta das mais importantes é aquela que se trava durante o preparo para a ação, pela potencialização dos atores, no decorrer da normalidade, do dia a dia da intervenção 'fria' e persistente no conflito de classes, na ação diária, constante, sistemática, nos campos 'frios' da política. [...] É um esforço, portanto, de entender como uma classe economicamente dominante se organiza estratégica e taticamente para desenvolver a ação política necessária e asse-gurar a consecução dos seus objetivos: a direção

---

[7] DREIFUSS, René. **1964, A conquista do Estado**: Ação política, poder e golpe de classe. Petrópolis (RJ): Vozes, 2006.

[8] *Idem.*

política e ideológica da sociedade no duplo exercício gramsciano de força e autoridade, de dominação e hegemonia, de violência e civilização.[9]

Este livro tem como objetivo interpretar como parte da elite orgânica, representada centralmente em nossa análise por dois deputados federais eleitos pela União Democrática Nacional (UDN), Aliomar Baleeiro e Bilac Pinto, atuaram no processo de construção do golpe empresarial-militar de 1964. Nossa proposta é a de que parte da elite orgânica nacional se uniu em prol de um projeto de classe, derrubando o regime implementado em 1946. Sendo assim, estamos tratando de elite, mas sob a ótica gramsciana de sua definição. Como destaca Lemos[10], compreendemos a existência de uma frente golpista configurada nos anos 1960, composta por:

> [...] facções militares de variado matiz ideológico, postulantes civis à Presidência da república nas eleições previstas para 1965, entidades anticomunistas ou apenas tradicionalistas da sociedade civil, **políticos udenistas historicamente frustrados em suas ambições de poder,** tecnocratas e tecnoempresários carentes de acesso aos mecanismos decisórios estatais, setores das camadas médias exasperados com a inflação e o desemprego. Também aqui cabe a analogia com o fim do Império. Em ambas as conjunturas, cruzaram-se elementos de crise estrutural com outros de crise política imediata e a resultante foi a ruptura violenta da forma de dominação de classe, seguida da abertura de condições para a sua substituição por outra, mais concorde com a real correlação de forças ideológicas, políticas e militares.[11]

Para tentar compreender essa frente golpista formada por parte da elite orgânica brasileira, forjamos a ideia de congruência orgânica,

---

[9] DREIFUSS, René. **A internacional capitalista**: estratégias e táticas do empresariado transnacional (1918-1986). Rio de Janeiro: Editora Espaço e Tempo, 1986. p. 22-23.

[10] LEMOS, Renato Luis do Couto Neto e. Contrarrevolução e ditadura: ensaio sobre o processo político brasileiro pós-1964. **Marx e o Marxismo**, v. 2, n. 2, p. 111-138, jan/jul 2014.

[11] *Ibidem*, p. 126, grifo nosso.

formada na conjuntura de crise do período em prol da conquista do Estado. Voltemos ao debate sobre elite e à disputa sobre o termo, corriqueiramente utilizado para denominar diferentes camadas da classe dominante.

Falamos de elite a partir de uma visão crítica em relação à teoria das elites — "que consiste na afirmação da presença de minorias ativas numa massa passiva desorganizada, isto é, na separação entre governantes e governados, como facto inevitável"[12] — de Pareto, Mosca e Michels[13]. Estamos trabalhando com um conceito especificamente definido e adjetivado: elite orgânica. Tratamos de uma elite formada por intelectuais orgânicos provenientes da classe dominante. A "nossa" elite orgânica, diferentemente da elite de Pareto e Mosca, não necessariamente pertence ao grupo dirigente do Estado, ao grupo que compõe a sociedade política[14].

A discussão sobre o uso do termo "elite" sempre foi matéria de debate no marxismo. Alguns teóricos, dentre eles Michels, Gramsci, Bukharin e Wright Mills, debateram os usos do termo. Michels problematiza a questão tratando mais especificamente da formação das elites do partido socialista, apontando para a existência da diferenciação entre o acesso à educação e à experiência política das massas e dos dirigentes, mais bem organizados e controladores do aparelho burocrático. Bukharin critica a perspectiva de Michels, defendendo que essa incompetência das massas seria um produto das condições econômicas e técnicas do presente e que se diluiriam com a sociedade capitalista. O pensador que foi mais longe na utilização do termo

---

[12] ALIAGA, Luciana; BIANCHI, Alvaro. Pareto e Gramsci: itinerários de uma ciência política italiana. **Análise Social**, Lisboa, n. 203, p. 322-342, 2012.

[13] Para maiores detalhes sobre o debate marxista, ver BOTTOMORE, 1988.

[14] Antonio Gramsci define Estado Ampliado da seguinte forma: "[...] na noção geral de Estado entram elementos que devem ser remetidos à noção de sociedade civil (no sentido, seria possível dizer, de que **Estado = sociedade política + sociedade civil, isto é, hegemonia couraçada de coerção**)." GRAMSCI, Antonio. **Cadernos do cárcere**. 4. ed. Rio de Janeiro: Civilização Brasileira, 2006a. v. 2. A sociedade política e a sociedade civil são vistas como uma relação dialética, como momentos distintos, combinando identidade e oposição. Devemos ter em mente, no âmbito analítico, que a noção gramsciana de Estado apresenta uma distinção entendida pelo próprio autor como metodológica, e não orgânica. A sociedade é vista por Gramsci como um duplo espaço da luta de classes, na medida em que reflete as lutas internas e externas às mesmas.

"elite" foi Wright Mills, que utilizou a expressão "elite no poder" ao invés de "classes dominantes". Distinguiu três elites fundamentais: a econômica, a política e a militar, definindo que estas compõem uma elite no poder. Miliband absorve o termo sem crítica, tratando de uma elite burocrática, como veremos. O debate do termo dentro do marxismo ainda é pouco, como Bottomore nos indica:

> Com isso, levantam-se difíceis problemas para a análise do poder político em tais sociedades, e particularmente a questão de se o grupo dominante poderia, em termos marxistas, ser com mais propriedade concebido como uma elite ou como uma classe que efetivamente "possui" os meios de produção. De modo mais geral, a teoria política marxista ainda precisa desenvolver um conceito mais preciso de elite, bem como examinar de um modo mais compreensivo e rigoroso a relação entre elites e classes, particularmente em relação aos regimes socialistas e à distinção entre líderes e seguidores não só na vida social como um todo, mas nos próprios partidos socialistas.[15]

Para Pareto e Mosca, pais fundadores da "teoria das elites", as classes superiores, as mais ricas, constituem uma elite. Haveria assim duas partes dentro da elite: a "classe eleita de governo" (aqueles que possuem direta ou indiretamente uma parte notável no governo) e a "classe eleita de não governo", o restante.[16]

A classe eleita é o grupo dos chamados governantes. Pareto busca discutir de maneira mais sistemática essa parcela da elite e sua circulação.

> A teoria da circulação das elites fundamenta-se na capacidade do grupo dirigente em renovar-se, isto é, na sua capacidade de incorporar uma percentagem de novos elementos. [...] A elevação de elementos dos estratos inferiores — da massa de governados — segundo essa concessão, era um fator de estabilidade

---

[15] BOTTOMORE, *op. cit.*, p. 202.
[16] ALIAGA; BIANCHI. *op. cit.*, p. 354.

e continuidade social, pois este seria o processo regular de funcionamento do sistema. Um retardo na circulação das elites esvaziaria a capacidade governativa do grupo que detém o poder devido ao aumento simultâneo dos "elementos degenerados" no seu interior e dos "elementos de qualidade superior" nas classes subordinadas. Essa perda da capacidade governativa por parte das elites teria como resultado uma sublevação violenta dos grupos e indivíduos pertencentes a seus estratos inferiores.[17]

O maior causador de processos revolucionários ou de crise estrutural seria o enfraquecimento da classe eleita, parte da elite, e a perda de sua capacidade governativa. Bianchi e Aliaga trazem um interessante debate sobre as apropriações e críticas, por Gramsci, dos termos utilizados por Pareto e Mosca, incluindo o conceito de elite de Pareto e o de classe política de Mosca. O eixo da crítica gramsciana se dá por meio da ausência, em ambos, de uma reflexão sobre partidos políticos.

A ausência de uma reflexão sobre os partidos políticos faria Mosca oscilar entre um conceito que restringiria a classe política ao "pessoal político" de um Estado, e outro no qual estariam incluídos aqueles que operariam no sistema representativo. Pareto, por sua vez, embora estabelecesse a distinção entre *elite* governante e *elite* não governante e afirmasse em *Les systémes socialistes* colocar seu foco nesta última, ficava em clara contradição uma vez que essa distinção excluía do seu foco as elites políticas que não se encontravam no governo, colocando-as novamente ao lado de poetas e xadrezistas.[18]

É neste ponto fulcral, na exclusão das elites políticas que não se encontravam no governo, que nossa crítica incide, em consonância com o pensamento de Gramsci. Destacamos mais uma vez resumo muito bem apresentado sobre a diferença de interpretação do conceito de elite entre Pareto/Mosca e Gramsci:

---

[17] *Ibidem*, p. 335.

[18] *Ibidem*, p. 336.

> Para o autor dos *Quaderni*, essa divisão [entre governantes e governados] não era uma realidade imutável, fruto da natureza humana e sim produto de situações concretas, que se desenvolveram na história no meio de relações de forças entre grupos antagônicos na sociedade. Esta imposição histórica e política do problema conduziu Gramsci a uma apreciação da questão da circulação das *elites* de modo também diverso.[19]

Gramsci trata então desse fenômeno social a partir da ideia de "transformismo". De maneira comparativa, a interpretação do uso do conceito de elite difere sobremaneira entre Pareto e Gramsci, pois:

> Para o professor de *Lausanne* [Pareto], a realidade da divisão entre governantes e governados em toda a história por si só constituiria prova cabal de sua hipótese da divisão do gênero humano entre aqueles que possuem capacidades de governo e aqueles que possuem a necessidade de serem governados. Enquanto, para Gramsci, a existência histórica das elites governantes era prova incontestável da existência do conflito social e da efetividade da ação política dos homens na história.[20]

Dessa maneira, a base da concepção de elite presente em Gramsci difere de maneira profunda da teoria das elites representada por Pareto. Resumindo o debate, temos que:

> Os elitistas procuram na história a explicação para o fenômeno, contudo, o fazem tomando o indivíduo como objeto de estudo, isto é, buscando regularidades generalizáveis nos comportamentos políticos dos indivíduos ao longo da história. Por este meio, a análise concentra-se quase sempre em aspectos subjetivos, sobre a psicologia dos indivíduos e sobre sua moral. Pareto, sobretudo, ansiava por uma ciência exata da política, por leis e regularidades ao mesmo tempo em que rejeitava tomar

---

[19] *Ibidem*, p. 337, grifo nosso.

[20] *Ibidem*, p. 340.

> as classes como objetos de investigação, ou a luta de classes como chave explicativa para o problema da democracia não realizada. Gramsci igualmente busca fundamentar suas explicações na história. Contudo, seu foco não é o indivíduo, mas sim as relações sociais de forças.[21]

Em nossa compreensão, a teoria das elites diminui sobremaneira a importância coletiva de classe dentro da sociedade política. Como veremos ao longo deste estudo, na maioria dos casos, a elite atuante, aquela que se coloca à frente do processo de luta de classes, na maioria das vezes está inserida na sociedade civil, buscando também — mas não somente — assumir postos de relevância que atendam aos seus interesses de classe na sociedade política.

Poulantzas debate também a teoria das elites em seu livro *Poder político e classes sociais*. Defende que as críticas dessa corrente interpretativa se dirigem a interpretações erradas da teoria marxista. Inicia o debate tratando de dois principais pontos abordados por essa teoria: o da classe politicamente dominante, recoberta nessa teoria pelo termo "classe política", e o do aparelho de Estado e da burocracia. Destaca também as soluções propostas, para, em seguida, criticá-las: "Regra geral, tratar-se-á de descobrir fundamentos de poder político diferentes dos admitidos pela teoria marxista, quer dizer, em última análise, diferentes da ligação complexa entre o político e as relações de produção."[22] Em oposição à proposta de Miliband, que se utiliza da ideia da existência de um pluralismo das elites, Poulantzas incide crítica veemente sobre a relatividade e a problemática da utilização desse conceito.

> Na sua função ideológica, essa negação de qualquer unidade entre as chamadas elites políticas ou categorias dirigentes visa, o mais nitidamente possível, cortar a possibilidade de qualquer deslize no sentido do que pudesse sequer evocar a existência da luta

---

[21] ALIAGA, Luciana. Gramsci e a democracia: o debate com a teoria das elites nos Cadernos do Cárcere. *In*: ENCONTRO ANUAL DA ANPOCS: Associação Nacional de Pós-Graduação e Pesquisa em Ciências Sociais, 38., 2014, Caxambu. **Anais** [...]. Caxambu: ANPOCS, 2014. p. 6.

[22] POULANTZAS, Nicos. **Poder político e classes sociais**. Porto: Portucalense editora, 1971, p. 183.

de classes: se se admite a unidade dessas elites ou categorias, corre-se o risco de um perigoso contato com os que admitem ainda uma classe dominante. [...] as elites políticas são definidas pelo seu lugar de direção nos diversos domínios da realidade social – entre os quais, o político institucionalizado, o Estado -, e são assim elites políticas enquanto categorias dirigentes.[23]

Por outro lado, destaca o interesse pela teoria que trata das elites políticas a partir da aceitação de sua unidade política. A concepção de unidade desenvolvida pela teoria das elites — centrada na união de uma classe política via poder político institucionalizado, como tratado por Mosca — aparece como problemática. Esse poder seria considerado como um simples lugar cuja própria existência unificaria as diversas elites. Ao admitir a existência de uma pluralidade de fontes do poder político sem nenhum tipo de explicação mais profunda sobre suas inter-relações, acaba por impossibilitar qualquer tipo de indicação crítica ao seu funcionamento.

Assim chegam a resultados contrários àqueles que visavam: fazendo embora a crítica da concepção marxista deformada da classe dominante, pretendendo mais particularmente examinar o funcionamento próprio da burocracia, acabam por admitir a unidade das elites políticas. Contudo, essa unidade permanece, nesse caso, ideológica. [24]

Dessa maneira, defendemos a ideia de que a elite orgânica é estruturada nessa dinâmica político-ideológica e não somente na ocupação de postos eletivos, oficiais, do Estado. Segundo Dreifuss, elite orgânica seria definida da seguinte forma:

Trata-se, por conseguinte, de um núcleo de vanguarda político-intelectual e de um braço operacional, organicamente vinculado a uma classe, bloco ou fração. Trata-se de uma elite, diríamos. Parafraseando Gramsci, podemos dizer que, se não todos

---

[23] *Ibidem*, p. 185.

[24] *Ibidem*, p. 187.

> os empresários, tecno-empresários intelectuais, burocratas e militares, "pelo menos uma elite entre eles" deverá ter a capacidade de articular e organizar os seus interesses num projeto de Estado para si e para a sociedade. E isto será feito, com a consciência de que seus "próprios interesses corporativos, no seu presente e no seu futuro desenvolvimento, transcendem os limites corporativos da classe puramente econômica" e tanto podem como devem "transformar-se em interesses de outros grupos subordinados". Estas elites são a que denominamos de elites orgânicas: agentes coletivos político-ideológicos especializados no planejamento estratégico e na implementação da ação política de classe, através de cuja ação se exerce o poder de classe.[25]

Essa elite orgânica se diferencia do total das classes dominantes, liderando e viabilizando suas ações no nível político. Servem como mediadoras nos blocos de poder, como frentes móveis de ação, predispondo a classe dominante para a luta política. "A ação político-ideológica das elites orgânicas é que permite que um bloco de poder polarize sob seu controle o conjunto de frações subalternas, formando, quando a ação é bem-sucedida, uma *frente móvel* de poder."[26] A elite orgânica é a pensadora de uma classe.

Ao analisar a estrutura política de poder do capital multinacional e associado, Dreifuss utiliza[27] a interpretação de Gramsci acerca das relações de força. Gramsci discorre sobre o que seriam os três momentos das relações de força. O primeiro deles se dá no âmbito da estrutura, onde as relações de forças sociais estão a ela ligadas, independentemente da vontade dos homens. Baseados no grau de desenvolvimento das forças materiais de produção, têm-se os agrupamentos sociais. Neste ponto temos elementos metodológicos para analisar se uma dada sociedade possui as condições necessárias e suficientes à transformação, permitindo medir o grau

---

[25] DREIFUSS, 1986, p. 24.
[26] *Ibidem*, p. 26.
[27] *Ibidem*, p. 173.

de realismo e de viabilidade das diversas ideologias que nasceram em seu próprio terreno.[28]

O segundo momento é o da relação das forças políticas, ou seja, "a avaliação do grau de homogeneidade, de autoconsciência e de organização alcançado pelos vários grupos sociais."[29] Dentro desse momento das relações das forças políticas, Gramsci diferencia três graus. O primeiro deles diz respeito ao grau econômico-corporativo. Nesse grau a homogeneidade se dá, basicamente, no grupo profissional, representando interesses essencialmente corporativos e econômicos, sem nenhuma consciência de grupo social. O segundo grau definido pelo autor é o momento em que a consciência da solidariedade de interesses entre os diversos elementos do grupo social é atingida, porém somente no âmbito econômico. Aqui os interesses em comum são buscados, inclusive, no âmbito do Estado, porém reivindica-se apenas uma igualdade político-jurídica aos grupos dominantes.

O terceiro e último grau é onde se adquire a consciência de que os próprios interesses corporativos superam o círculo corporativo. Esse é o momento mais político, assinalando a passagem da esfera da estrutura para a esfera das superestruturas complexas.

> [...] é a fase em que as ideologias geradas anteriormente se transformam em "partido", entram em confrontação e lutam até que uma delas, ou pelo menos uma única combinação delas, tenda a prevalecer, a se impor, a se irradiar por toda a área social, determinando, além da unicidade dos fins econômicos e políticos, também a unidade intelectual e moral, pondo todas as questões em torno das quais ferve a luta não no plano corporativo, mas num plano 'universal', **criando assim a hegemonia de um grupo social fundamental sobre uma série de grupos subordinados.**[30]

---

[28] GRAMSCI, Antonio. **Cadernos do cárcere**. 4. ed. Rio de Janeiro: Civilização Brasileira, 2006b. v. 3. p. 40.

[29] *Ibidem*, p. 40-41.

[30] *Ibidem*, p. 41, grifo nosso.

Portanto, o crescimento e a dinamização da atuação dos intelectuais orgânicos que compõem a elite orgânica é o esteio de nossa interpretação. Independentemente do grau de desenvolvimento capitalista — seja originário, tardio, hipertardio —, sempre haverá uma classe dominante, sempre haverá uma intelectualidade orgânica. A composição dela muda conforme as peculiaridades de cada sociedade.

A conscientização de classe perpassa toda a nossa compreensão. Não seria possível trabalhar com o conceito de elite orgânica caso essa consciência de classe não estivesse amadurecida o bastante. O fato é que, mesmo com as peculiaridades internas e a falta de homogeneidade inerente à formação de classes, uma parte desta, aquela mais consciente de seu papel de classe, tomou os rumos da política possibilitando a conformação dessa conjuntura. Quando falamos em classe, falamos também de sua constituição, de suas posições política, ideológica e social, e, sobretudo, das características de seus porta-vozes. O que seria então a intelectualidade orgânica? Estamos falando aqui de representantes ligados organicamente, intimamente, inerentemente às classes às quais pertencem. Esse tipo de intelectual conforma diferentes e importantes características:

> Todo grupo social, nascendo do terreno originário de uma função essencial no mundo da produção econômica, cria para si, ao mesmo tempo, organicamente, uma ou mais camadas de intelectuais que lhe dão homogeneidade e consciência da própria função, não apenas no campo econômico, mas também no social e político: o empresário capitalista cria consigo o técnico da indústria, o cientista da economia política, o organizador de uma nova cultura, de um novo direito etc.[31]

Tais categorias versam sobre a interpretação dos movimentos históricos dentro do escopo deste trabalho. A compreensão do conceito de intelectual de Antonio Gramsci e de sua aplicação aos personagens elencados para a peça analítica apresentada nesse

---

[31] GRAMSCI, 2006a, p. 15.

texto servem como base para a concepção mais ampla do caráter de classe presente no golpe empresarial-militar de 1964. A adoção dessa nomenclatura atualiza nosso texto original de 2006 na compreensão mais qualificada da base de desenvolvimento do debate historiográfico acerca do regime inaugurado em 1964.

Nesta Introdução, busco atualizar alguns elementos do debate historiográfico que envolve o tema na efeméride dos 60 anos, completos em 2024. Incluindo minha compreensão na base da historiografia sobre o tema, defendo a percepção de que dois grupos, representantes da classe dominante brasileira (com suporte e aporte internacional), protagonizaram o movimento: empresários e militares.

Neste ponto, é importante deixar claro que não excluímos, de forma alguma, outros setores representantes dos mesmos interesses como aliados. É justamente nesse contexto que o presente estudo se encaixa. Após alguns anos estudando protagonistas, perseguindo pistas e demonstrando ações do empresariado nacional e internacional (especialmente o norte-americano), busco demonstrar o elo entre coadjuvantes e atores principais, numa congruência organicamente orquestrada que permitiu a base institucional — ou o forjamento de uma base que se dizia institucional — para a consecução do golpe e posteriormente a construção de seu regime dentro do aparato de Estado.

Dito isso, temos como objetivo principal neste trabalho demonstrar o quão capilarizadas foram as redes e como elas se construiriam durante os anos imediatamente anteriores e posteriores ao golpe perpetrado contra o regime inaugurado em 1946.

4. Dos norteadores estruturais: periodização do golpe e do regime

Nossa primeira consideração vem justamente repensar a proposta inicial do texto de 2006. A forma como o tema foi desenvolvido pode dar a impressão equivocada de que havia uma rede específica de troca de informações que circundava Aliomar Baleeiro, Bilac Pinto e Castello Branco, nossos personagens principais deste livro. Destaco, porém, que esse é um dos recortes possíveis para a compreensão do fenômeno da congruência orgânica que ocorria dinamicamente na sociedade civil brasileira dos anos 1960, principalmente.

A busca por contextos históricos que baseiam o percurso de pesquisa se reflete especialmente na reunião de elementos que possam suportar os recortes e as análises empíricas. Para que isso seja definido, é importante pensar no tempo social, no tempo dinâmico das análises históricas.

A periodização da ditadura é mais um dos temas-chave em disputa na efeméride dos 60 anos. A promoção desse debate tem sido estudada por intelectuais que fizeram importantes atualizações do debate historiográfico, como Fico[32] e Joffily[33]. Nesses textos, ambos os autores indicam as propostas de periodização fundadas por Daniel Aarão Reis[34], Marco Antonio Villa[35] e Elio Gaspari[36], com críticas nas quais nos baseamos também para interpretar o período. Discordamos — e justifcamos a seguir — as periodizações que pretendem reduzir ou diminuir a importância contexual do período do regime propostas pelos três autores citados.

Nossa interpretação é a de que a ditadura empresarial-militar durou 25 anos, entre 1964 e 1989. Baseamo-nos, especialmente, na proposta apresentada por Lemos[37]. Algumas razões subsidiam nossa opção. A principal delas tem característica pessoal, inclusive. Renato Lemos foi meu orientador durante a escrita desse texto e por toda a minha trajetória acadêmica sendo autor, inclusive, do prefácio deste livro. Desde as primeias aulas na graduação em História e depois no doutorado em disciplinas lecionadas por ele, passando pelos estudos do Laboratório de Estudos sobre Militares e Política (Lemp), do

---

[32] FICO, C. Ditadura militar brasileira: aproximações teóricas e historiográficas. **Revista Tempo e Argumento**, Florianópolis, v. 9, n. 20, p. 5-74, 2017.

[33] JOFFILY, Mariana. Aniversários do golpe de 1964: debates historiográficos, implicações políticas. **Revista Tempo e Argumento**, Florianópolis, v. 10, n. 23, p. 204-251, 2018.

[34] REIS, Daniel Aarão. A ditadura civil-militar. **O Globo**, 31 mar. 2012.

[35] VILLA, Marco Antônio. Ditadura à brasileira. **Folha de S.Paulo**, 5 mar. 2009.

[36] GASPARI, Elio. **A ditadura encurralada**. São Paulo: Companhia das Letras, 2004.

[37] LEMOS, 2014.

qual ainda faço parte, e pelas trocas e debates de orientação em toda minha produção, observei de muito perto a evolução da proposta de periodização que é apresentada no texto *Contrarrevolução e ditadura: ensaio sobre o processo político pós-1964*, publicado em 2014. A compreensão dos elementos que justificam a proposta apresentada por Lemos está na base da minha interpretação sobre o processo do golpe, do regime e, consequentemente, da periodização publicizada no texto apenas em 2014, mas ensinada desde muito antes em suas salas de aula e a mim, ao menos desde 2002.

Até meados de 2009, quando Villa faz a redução do regime de maneira rasa, a periodização que chamarei de "clássica" — 1964-1985 — era tida como parâmetro e raramente discutida. Os marcos seriam o golpe no ano de 1964 e a entrada do primeiro presidente civil em 1985. A ausência de debate ao longo de tanto tempo diz muito sobre a questão que se coloca neste texto — a necessidade de qualificação do que de fato se entende como o elemento civil do golpe e do regime. Aqui destaco dois elementos centrais para buscar entender essa ausência: as propostas reducionistas provenientes das análises revisionistas, que provocaram a refelxão sobre a questão, e as pesquisas sobre empresariado, influenciando a compreensão do golpe e do regime, especialmente nos últimos dez anos, ampliando o debate sobre o elemento civil — e problematizando o marco "clássico" de 1985.

Ciente do debate, Fico parece decidir, ao final de seu texto, a permanência da periodização "clássica". Para ele a ditadura é militar e acaba com a eleição do primeiro presidente civil. Joffily não define diretamente como interpreta a periodização, mas indica em sua crítica à proposta de Aarão Reis o seguinte: "O segundo ponto é que a argumentação de Aarão Reis seria consideravelmente mais convincente, para quem adota a perspectiva da 'ditadura civil-militar', caso a proposta fosse não abreviar o período, mas usar como marco final o ano de 1988, com a promulgação da nova Constituição."[38]

---

[38] JOFFILY, 2018, p. 238.

Aqui temos uma importante indicação sobre a disputa que estamos vendo acerca da periodização do regime unida à questão do elemento civil de maneira qualificada, pensando na chave de mudança de regime para aludir ao fim do período, diferentemente de Fico, que indica o fim do regime em um momento de mudança de governo — controlada, gestada e conduzida sob a égide da Constituição de 1967, válida como a regra do jogo até 1988.

Nenhum dos dois balanços leva em consideração a proposta de Lemos. O autor movimenta a tese braudeliana de maneira certeira e muito qualificada. Para compreender a periodização do regime instaurado em 1964, debate a formação do Estado brasileiro pensado a periodização de longa duração na chave de entendimento dos marcos de seu desenvolvimento. Sendo assim, a marca do tempo longo, o tempo das estruturas, estaria entre 1914 e 1989. A Primeira Guerra Mundial, segundo Lemos, pode ser considerada como um marco na história brasileira do ponto de vista das estruturas econômicas.

No caminho do entendimento acerca da periodização do golpe, temos a caracterização da crise dos anos 1960 — muitas vezes negligenciada pela literatura revisionista sobre o golpe[39] em sua complexidade. Lemos identifica os elementos de uma situação pré-revolucionária se configurando nessa quadra histórica: "se referem às conjunturas de crise política indicativas das dificuldades que os representantes do capital encontraram para manter uma ordem política sustentada por um mínimo de consenso — ao menos entre eles —, em um período que desconheceu quase totalmente a existência de uma burguesia nacionalizada política, ideológica e organizativamente."[40] O autor vai qualificar o elemento contextual para entrar na sua periodização de média duração, debatendo indiretamente — ou diretamente, dependendo do ponto de vista — as perspectivas revisionistas da teoria de que havia em curso a

---

[39] Para a crítica ao revisionismo ver MELO, Demian Bezerra de (org.). **A miséria da historiografia**: uma crítica ao revisionismo contemporâneo. Rio de Janeiro: Consequência, 2014; MATTOS, Marcelo Badaró; VEGA, Rubén (org.). **Trabalhadores e Ditaduras**: Brasil, Espanha e Portugal. Rio de Janeiro: Consequencia, 2014; ZACHARIADHES, Grimaldo Carneiro (org.). **1964: 50 anos depois – a ditadura em debate**. Aracaju: EDISE, 2015.

[40] LEMOS, 2014, p. 118.

possibilidade de um golpe à direta ou à esquerda e a consequente ideia de apoio da sociedade (em 1964 e na construção do regime) de maneira rasa e desqualificada. Lemos vai propor a compreensão de que o golpe teve caráter contrarrevolucionário preventivo:

> Contrarrevolucionário, não porque percebesse em seu horizonte uma efetiva ameaça revolucionária, mas porque, em todo o período, várias experiências históricas indicaram que o seu permanente estado de desunião belicosa constituía um elemento necessário, ainda que não suficiente, para configurar-se uma situação revolucionária. Preventivo, porque era preciso evitar o surgimento de elementos que, articulando-se com os necessários, formassem um conjunto suficiente para configuração de uma situação revolucionária.[41]

Para de fato entender apoios, suportes, protagonismo, participação direta, contexto ou qualquer elemento de participação civil no golpe, é preciso elucidar sua articulação. A ideia de congruência orgânica corrobora a perspectiva característica da compreensão contrarrevolucionária preventiva do contexto de crise e consecução do golpe. Lemos define os tempos curtos da ditadura de maneira bastante assertiva. Sobre o golpe, identifica o início do processo em 1960. Parte da premissa de que o golpe foi contrarrevolucionário preventivo, assim como o regime subsequente. A contrarrevolução combinou diversas formas terroristas e democráticas, conforme a correlação entre as forças sociais, nos planos internacional e nacional. De maneira bem mais propositiva do que os demais autores que debatem o tema, Lemos define dois tempos de curta duração dentro do regime implementado em 1964 definindo-o em duas fases: a contrarrevolução terrorista (1964-1974) e a contrarrevolução democrática (1975-1989).

A primeira fase tem como principais características a feição de terrorismo de Estado, com o objetivo de derrotar o movimento de massas, o nacionalismo civil e militar, o comunismo e o popu-

---

[41] *Ibidem*, p. 119.

lismo. Tais ações foram feitas amparadas pelo aparato repressivo estatal, porém com a manutenção de mecanismos democráticos como a Constituição (de 1946 e depois a de 1967), a Doutrina de Segurança Nacional e a nova Lei de Segurança Nacional (alterada em 1967). Além disso, mantiveram-se alguns canais de negociação com setores da oposição consentida, a fim de legitimar a aparência democrática do regime.

Partindo dessas características mais gerais, Lemos define duas subfases desse tempo. A primeira delas entre 1964-1968. Nesse período, o Estado é estruturado para dar curso à contrarrevolução terrorista. Para tal, são instrumentalizados órgãos de repressão de existência anterior (como o Departamento de Polícia Federal, os departamentos estaduais de ordem política e social, as polícias civis e militares etc., que seriam subordinados ao SNI, criado em junho de 1964). Estabelecem-se práticas e estruturas para fortalecer o Estado como os atos institucionais e o decurso de prazo na apreciação, pelo Legislativo, de projetos do Executivo; a subordinação do Legislativo e do Judiciário ao Executivo, por meio de cassações de mandatos, determinações restritivas emanadas de atos institucionais; a aplicação e uso da legislação sindical vigente, criando obstáculos à promoção de greves gerais. No plano econômico, com o objetivo de retomar a capacidade de acumulação de capital, vemos uma abordagem monetarista com o enxugamento do fluxo monetário, o arrocho salarial e creditício. Atingindo os objetivos de um dos protagonistas do processo, o empresariado representante do capital internacional, vemos medidas de estímulo à entrada de capital estrangeiro mediante empréstimos e investimentos. Como último elemento destacado no cenário econômico, temos a centralização de capitais com o FGTS — que também retira direitos e enfraquece a organização sindical.

A segunda subfase, entre 1968 e 1974, chamada por Lemos de fastígio do regime, é inaugurada com a consolidação e aperfeiçoamento do aparato repressivo a partir da edição do AI-5. É importante destacar que a proposta de Lemos não é a de que a partir de 1968 o regime "se fecha". Autores como Reis consideram 1968 como o início da perseguição e morte de inimigos do regime — ou mesmo como início do próprio regime, segundo Villa. Ou a de que antes havia uma "ditabranda", tal qual Gaspari nos indica. A proposta de Lemos, com a qual concordamos, é inversa: compreende que o período anterior teve como objetivo construir as bases para a consecução da contrarrevolução terrorista, buscando refinar a estrutura repressiva inaugurada em 1964 nos moldes que já trabalhamos acima. Além do AI-5, temos como elementos dessa subfase a criação da Operação Bandeirante (Oban) e do DOI-CODI, os Atos Institucionais 13 e 14, que definem as penas de banimento, prisão perpétua e morte, a nova Lei de Segurança Nacional, a Emenda Constitucional n.º 1 de 1969, que altera substancialmente a Constituição de 1967 e os decretos-lei 1001 e 1002, que definem os novos código penal militar e do processo penal militar além da nova organização judiciária militar. O aprofundamento da estrutura repressiva se inicia em 1968 e segue pelo menos até 1974. Nesse período consegue alcançar, segundo Lemos, a meta política mais importante: a derrota das oposições extrassistêmicas. No plano econômico, a meta principal é também atingida com índices de crescimento real expressivos e a implementação de uma política social associada ao crescimento econômico, baseada no agravamento da concentração de renda e na retração dos gastos com educação e saúde.

Após alcançar as metas previstas, Lemos marca o início da segunda fase do regime com início em 1974 e fim em 1989. A primeira subfase (1974-4978) é caracterizada pela busca da grande meta estratégica, qual seja: a dominação de classes na forma de um regime democrático restrito, refazendo a equação coerção-negação na dinâmica da dominação política. O objetivo estratégico dessa subfase visava formar, no cenário nacional, um centro político conservador que desse suporte e legitimidade à nova forma de dominação que se pretendia construir. Para isso, toma medidas de interesse das frações liberais democráticas da oposição, como o reconhecimento da vitória do MDB nas eleições parlamentares de 1974, a suspensão progressiva da censura, a construção dos movimentos sociais pela anistia e o ressurgimento do movimento estudantil organizado.

A segunda subfase (1979-1989) vai cimentar a transição controlada. Lemos destaca alguns elementos como a aprovação da nova Lei de Segurança Nacional, que reduziu penas, abrindo caminho para a soltura de presos políticos. Essa medida enfraquece os movimentos pela anistia. A Emenda Constitucional n.º 11 revoga os atos institucionais e complementares, extinguindo a pena de morte, banimento e prisão perpétua, e determina as regras gerais para a extinção de partidos políticos e formação de novos. Apesar disso, foram estabelecidas as "medidas de emergência" e outras "salvaguardas" do Estado. Na mesma fase, temos o reordenamento jurídico-político-institucional tutelado pelas Forças Armadas, mas com forças civis incorporadas ao projeto transicional cumprindo importante papel na negociação e legitimação dos passos dados. Em 1979, temos o marco da anistia parcial e condicionada, com o forjamento da figura dos "crimes conexos" que poderia ser interpretada como habeas corpus preeventivo para agentes do Estado passíveis de acusação de crimes de violência contra presos políticos. A extinção do bipartidarismo é vista por Lemos como tática para fracionar a ampla frente oposicionista representada pelo MDB. A fundação do PT teria sido um ponto fora da curva, não previsto pelos agentes estatais da transição. Como marco do processo, destaca as eleições de 1982 — e a eleição de governadores de oposição como Leonel Brizola (PDT) e diversos do PMDB, garantindo de certa forma o rumo conservador da transição. O movimento das Diretas Já em 1984 e a criação da Frente Liberal durante o processo de sucessão de Figueiredo são apresentados como novos e importantes elementos, porém sem influência direta na transição controlada pelo regime. Como marcos subsequentes, destaca a eleição indireta de Tancredo Neves, sua morte e a sucessão por José Sarney. Nesse ponto, destaca o compromisso de Sarney e seu governo com a agenda da transição controlada, reverberando a tutela militar sobre o governo. O regime teria seu fim consolidado apenas em 1989, mas a Constituição de 1988 é marco crucial para o entendimento dessa periodização:

> Do ponto de vista defendido nesse texto, a consumação formal da meta estratégica do processo

contrarrevolucionário que teve no golpe de 1964 seu ponto de virada deu-se com a Constituição de 1988, que significou a pactuação de outro regime, sob a direção dos representantes políticos das classes dominantes.[42]

A Carta de 1988 reforça os poderes do Executivo por meio da criação da medida provisória. Lemos destaca os traços contrarrevolucionários preventivos do regime democrático brasileiro, balizado no documento, e conclui:

> **Em contrapartida, partes majoritárias da riqueza nacional têm sido empregadas na satisfação dos interesses do setor financeiro do capital que, ao longo da ditadura e do processo de transição, se tornou elemento dirigente do regime,** enquanto a fração industrial ligada à produção de bens de consumo duráveis aponta o horizonte ideológico da integração baseada em uma concepção bem particular de felicidade: o modo brasileiro de viver, versão dependente e periférica do *american way of life*, que, praticamente, organiza a vida de amplas camadas sociais em torno do consumo de suas mercadorias via endividamento pessoal, contribuindo para consolidação da ordem social e favorecendo a reprodução do capital em geral.[43]

5. Dos norteadores conceituais: o elemento civil

Nosso objetivo, aqui, é mostrar o estado da questão relacionado diretamente à participação de civis no golpe. Pensando em termos historiográficos, vemos como crucial o amadurecimento do debate acerca do elemento civil. A nomenclatura "golpe civil-militar" foi, por muitos anos, utilizada por diferentes matrizes de pensamento e interpretação. No texto original de 2006, inclusive, é essa a terminologia adotada, assim como nos trabalhados subsequentes. Porém,

---

[42] LEMOS, 2014, p. 135.

[43] *Ibidem*, p. 136, grifo nosso.

nos últimos dez anos, especialmente pelo avanço das pesquisas sobre empresariado e suas relações com o golpe e a ditadura, vemos uma mudança e a abertura de uma disputa interpretativa acerca da nomenclatura desse fenômeno.

Muitos textos de balanço historiográfico exploraram fortemente alguns elementos que vamos destacar, e, portanto, não vemos como necessário repetir argumentações bastante fundamentadas por uma produção que vem se consolidando como campo. Temas como a paridade de responsabilidade entre esquerda e direita, a tese dos dois golpes em curso e a ideia de que a luta armada e sua história não passaram de um mito foram bastante criticadas por Melo[44], referência na qual nos apoiamos para subsidiar o debate.

Mattos[45] e Melo[46], apesar de não promoverem um debate direto sobre a nomenclatura do golpe, partem da perspectiva de entendimento de que o processo que acarretou a derrubada do regime em 1964 é consequência do aprofundamento da luta de classes e, consequentemente, definem a tomada do Estado como um golpe de classe. Essa perspectiva, inaugurada por Dreifuss[47], vem ganhando centralidade nas pesquisas e nos debates acerca do elemento civil do golpe, adicionando e problematizando de maneira mais profunda o "nome da coisa". Fico[48], ao comentar essa proposta interpretativa, reduz em sua retórica a importância do elemento de classe, com uma rasa indicação crítica acerca do uso do conceito. Apesar disso, concorda com a crítica ao revisionismo e sua interpretação de apoio da sociedade. Diz que essa ideia pode ser vista como um erro empírico relevante, mas como um erro cognitivo irrelevante, diminuindo a importância do debate. E indica, reduzindo mais uma vez a questão e sem considerar as pesquisas sobre empresariado: "[...] políticos,

---

[44] MELO, 2014.

[45] MATTOS, Marcelo Badaró. O sentido de classe do golpe de 1964 e da ditadura – um debate historiográfico. *In:* ZACHARIADHES, Grimaldo Carneiro (org.). **1964: 50 anos depois** – a ditadura em debate. Aracaju: EDISE, 2015. p. 35-83.

[46] MELO, 2014.

[47] DREIFUSS, 2006.

[48] FICO, 2017.

militares e parlamentares deram o golpe com apoio, o entusiasmo ou para o gáudio ou desespero de muitos setores."[49]

Nesse contexto, podemos indicar que o debate nos últimos 20 anos se mostrou dinâmico e apresentou diferentes elementos importantes para a qualificação de interpretações e análises. De pronto, consideramos como crucial para interpretar a posição desses grupos alguns elementos. O primeiro deles é buscar entender o elemento civil do golpe a partir da ideia de que tivemos diferentes formas de ação e de grupos socialmente heterogêneos. Neste ponto é importante pensar na ideia de apoio. A perspectiva de que civis e militares "apoiaram"[50] o golpe deve ser complexificada. Na maior parte dos debates, encontramos a ideia de "apoio" de setores da sociedade civil. Sugerimos que se passe a interpretar em mais camadas o dito "apoio" ao processo do golpe e à posterior instalação do regime. Nossa proposta, neste trabalho, é indicar essas camadas, sugerindo a ideia de que havia entre elas uma congruência orgânica que permitiu o desenrolar do golpe. Desta maneira, entendemos o elemento civil a partir de três nuances: o protagonismo — com representantes da sociedade civil e da sociedade política em destaque —, a participação ativa via canais da sociedade civil e a participação ativa via canais da sociedade política[51]. Excluímos, portanto, qualquer espécie de interpretação de passividade como elemento de composição da base civil do golpe.

Comecemos pensando sobre o protagonismo[52]. Nesse aspecto, indicamos a existência de grupos destacadamente ativos no processo. Identificamos, nessa seara, representantes do capital, principalmente

---

[49] *Ibidem*, p. 34

[50] Nesse ponto utilizamos a palavra "apoio" entre aspas propositalmente. O objetivo é de fato problematizar o uso da palavra "apoio" no contexto do golpe.

[51] Sabemos que o debate sobre protagonismo deve incluir um aprofundamento sobre os militares. Não nos propomos a desenvolver esse ponto nesse texto. Nossa preocupação é qualificar o debate sobre a participação civil no processo. De toda forma, indicamos ser preciso investir em pesquisas complementares sobre o protagonismo militar. Destacamos, de maneira mais sistemática, as contribuições sobre o tema de João Roberto Martins Filho (2020) e Maud Chirio (2012).

[52] Parte dessas reflexões foram publicadas no artigo SPOHR, Martina. **Empresariado, ditadura e transição política:** reflexões sobre o regime empresarial-militar no contexto do governo Ernesto Geisel (1974-1979). Tempo e Argumento, v. 16, p. e0101, 2024.

do capital internacional e associado — o empresariado — e os militares, essencialmente os setores identificados e defensores do *modus operandi* do capitalismo internacional.

Os estudos relacionados ao protagonismo do empresariado no golpe de 1964 vêm ganhando fôlego e qualificam o debate de fundo sobre a participação de civis no processo. Como aponta Pedro Campos[53], em artigo de balanço historiográfico, observamos atualmente o aprofundamento do conhecimento acerca da atuação do empresariado no período da ditadura brasileira. Marcadamente em 2014, com a constituição da Comissão Nacional da Verdade e sob a efeméride dos 50 anos do golpe, conformou-se uma linha historiográfica — da qual fazemos parte — que busca interpretar de maneira substancial a participação desses grupos no processo político brasileiro entre os anos 1964 e 1988.

O avanço desse campo foi viabilizado pela diversificação do uso de fontes de pesquisa, contribuindo temática e metodologicamente para a construção da interpretação de que o golpe teve caráter empresarial-militar. O arquivo do Ipes, já explorado em 1976 por Dreifuss, serve ainda de base para diversas pesquisas sobre o tema, algumas produzidas na última década[54]. Grande parte delas se dedica ao entendimento do golpe e dos desdobramentos subsequentes em âmbito nacional. A disputa sobre a conceituação do golpe foi o grande foco desse debate.

A linha de pesquisa empresariado e ditadura abriu, recentemente, importante leque com projetos financiados pelo Centro de Antropologia e Arqueologia Forense (CAAF) da Universidade Federal de São Paulo (UNIFESP). São 13 frentes de pesquisa no projeto "A responsabilidade das empresas por violações de direitos durante a

---

[53] CAMPOS, Pedro Henrique Pedreira. Empresariado e ditadura no Brasil: fontes, métodos e historiografia. **Sillogés**, v. 3, p. 15-42, 2020a.

[54] BORTONE, Elaine de Almeida. **O Instituto de Pesquisas e Estudos Sociais (IPES) e a ditadura empresarial-militar:** os casos das empresas estatais federais e da indústria farmacêutica (1964-1967). 2018. Tese (Doutorado em História Social) – Universidade Federal do Rio de Janeiro, Rio de Janeiro, 2018; SPOHR, Martina. **American way of Business.** Curitiba: Appris, 2020b; MORAES, Ana Carolina Reginatto. **A ditadura empresarial-militar e as mineradoras (1964-1988).** 2019. Tese (Doutorado em História Social) – Universidade Federal do Rio de Janeiro, Rio de Janeiro.

ditadura", sendo desenvolvidas desde 2021, coordenadas por Edson Telles. As empresas que vêm sendo investigadas por esse grupo são: Companhia Docas de Santos, Petrobras, Fiat, Itaipu, Josapar, Paranapanema, Cobrasma, Companhia Siderúrgica Nacional (CSN), Folha de São Paulo, Aracruz, CS Belgo Mineira e Embraer. Os trabalhos vêm sendo desenvolvidos por equipes de diferentes partes do Brasil. Seus relatórios serão entregues em breve e já geraram grande volume de informações, análises e fontes de pesquisa, na chave da responsabilização de empresas por violações de direitos humanos, com prisões, tortura, perseguições dentre outros casos no interior das empresas em tela. Alguns pesquisadores vêm publicando em revistas acadêmicas e apresentando em fóruns como o 32.º Simpósio Nacional da ANPUH, em julho de 2023[55].

Com base nos estudos iniciais de René Dreifuss[56], defendemos a ideia de que o golpe de 1964 tenha sido um golpe de classe. Neste ponto, refletimos sobre as críticas historiográficas a essa compreensão que subsidia a linha historiográfica que vem se consolidando ao longo da última década. A crítica mais recente à nossa linha interpretativa[57] nomeia um grupo bastante heterogêneo de pesquisadores a partir de uma base teórica como "historiadores marxistas". Afora a importância do reconhecimento, pela primeira vez, de nossas pesquisas como parte do contexto historiográfico sobre o golpe de 1964 — algo bastante importante para o cenário no qual nossas pesquisas se inserem —, as críticas permanecem sendo as mesmas de momentos anteriores.

Preferimos, nessa seara, sermos considerados apenas como historiadores, que utilizam um arcabouço teórico comum, mas que atuam de maneira crítica e historiograficamente sólida, com trabalhos desenvolvidos por meio de pesquisas empíricas em fontes

---

[55] Boa parte das pesquisas foi apresentada no Simpósio Temático Regimes Ditatoriais Contemporâneos: Repressão, Ação Empresarial, Expropriação Rural e Justiça de Transição, coordenado por Mônica Piccolo (UEMA) e Leandro Mendonça (UFF). Maiores informações sobre o CAAF e o escopo dos projetos financiados podem ser encontradas no site https://www.unifesp.br/reitoria/caaf/projetos/empresas-e-ditadura. Acesso em: 28 jul. 2023.

[56] DREIFUSS, 2006.

[57] FICO, 2017.

diversas — muitas delas inéditas ou pouco exploradas. A ampliação do escopo de fontes pesquisadas e temas desdobrados são reflexo desse crescimento nas pesquisas sobre empresariado e ditadura, como destaca Campos[58] em seu balanço historiográfico. A proposta de Fico em seu texto leva o leitor a entender os "historiadores marxistas" como meros fundadores da crítica historiográfica revisionista, marcadamente iniciada na efeméride dos 40 anos do golpe por Toledo[59] e Melo[60].

Defendemos que nossa linha historiográfica é constituída teórica e metodologicamente também por essa produção, tendo seus elementos sido o ponto de partida para a ampliação de estudos empíricos em novas fontes a partir desse importante subsídio teórico, mas que é constituída por uma série de novas pesquisas não contabilizadas pelo autor. Fico não inclui em seu debate publicações e debates que tomam como esteio a questão do revisionismo, assim como não inclui a produção recente sobre empresariado e ditadura.

Joffily[61] publica um balanço bastante interessante sobre a historiografia do golpe, com bons elementos e debate robusto, porém parece ainda seguir a linha crítica ao trabalho de Dreifuss, permanecendo no mesmo ponto do passado em relação à nossa linha de estudos. A autora propõe como explicação a perspectiva já defendida por Benevides[62] de que Dreifuss subestima o papel dos militares. Incide nessa crítica a ideia de que houve uma perda de hegemonia do empresariado depois do AI-5, causando uma espécie de interregno na participação do empresariado na política da ditadura, voltando a predominar mais tarde durante o governo Geisel. Essa crítica parece ter se tornado senso comum na produção da

---

[58] CAMPOS, 2020a.

[59] TOLEDO, 2004.

[60] MELO, Demian. A miséria da historiografia. **Outubro**, São Paulo, n. 14, p. 111-130, 2º sem. 2006.

[61] JOFFILY, 2018.

[62] BENEVIDES, Maria Victória de Mesquita. 1964: um golpe de classe? (Sobre um livro de René Dreifuss). **Revista Lua Nova**, v. 58, p. 255-261, 2003.

historiografia do golpe e dos balanços feitos sobre o tema. Outros autores já refutaram essa interpretação.[63]

A nosso ver, Dreifuss mostra o protagonismo de militares e empresários, destrincha a Escola Superior de Guerra, suas associações de grupos ao longo de sua análise. O que não é considerado por Joffily são justamente os estudos que vieram a partir de Dreifuss. A crítica, datada, não leva em consideração análises que vêm produzindo na linha historiográfica que defende o protagonismo de militares e empresários no golpe, denominando-o como golpe empresarial-militar de 1964. É importante marcar que a autora trabalha com o debate sobre a periodização do regime citando o importante trabalho de um dos principais historiadores – orientador de muitos trabalhos dessa linha historiográfica — Renato Lemos, porém sem analisá-lo claramente. Apesar desse acerto, Joffily não nos considera, ainda, como uma vertente no campo de estudos sobre o golpe de 1964 e o regime que se seguiu. Talvez pela própria temporalidade de seu texto, visto que muitas teses e dissertações foram defendidas após 2018.

Nossa perspectiva é a de que a atividade de representantes do empresariado nunca deixou de ter protagonismo e por isso chamamos o regime político implementado pelo golpe de classe de 1964 como empresarial-militar. Essa definição nos leva a algumas importantes pontuações acerca da forma como entendemos a dinâmica que construiu o regime empresarial-militar. O protagonismo não precisa, a nosso ver, ser representado pela ocupação direta de postos na sociedade política[64]. A presença dos empresários perpassa as duas

---

[63] MELO, 2006; MELO, 2014.

[64] Muitas análises contribuíram para que chegássemos a esta proposta teórica. Destacamos o estudo fundador de CRUZ, Sebastião Velasco e. **Empresariado e Estado na transição brasileira**: um estudo sobre a economia política do autoritarismo (1974-1977). Campinas: Editora da Unicamp, 1995; o de CAMPOS, Pedro Henrique Pedreira. **"Estranhas Catedrais"**: as empreiteiras brasileiras e a ditadura civil-militar, 1964-1988. Niterói: Eduff, 2014a, sobre o caso das empreiteiras; e o de BORTONE, Elaine de Almeida. **O Instituto de Pesquisas e Estudos Sociais (IPES) e a ditadura empresarial-militar**: os casos das empresas estatais federais e da indústria farmacêutica (1964-1967). 2018. Tese (Doutorado em História Social) – Universidade Federal do Rio de Janeiro, Rio de Janeiro, 2018, sobre a indústria farmacêutica. Nossa proposta é ampliar o debate problematizando a caracterização do regime.

esferas do Estado Ampliado de maneira dinâmica. As pressões dos detentores do capital se modificam de acordo com a conjuntura.

Partindo do entendimento mais amplo sobre a relação dos empresários com a política dentro da dinâmica do capital — com claras diferenças de acordo com as realidades de cada país — podemos afirmar que existe uma preocupação comum da empresa privada, de caráter transnacional. Momentos de instabilidade são sempre problemáticos no que diz respeito aos negócios dentro da dinâmica capital-imperialista[65]. Isso se reflete em falas e defesas recorrentes de representantes da empresa privada — independentemente de sua origem — da estabilidade política. No contexto da Guerra Fria, o elemento do anticomunismo — suporte ideológico de base da defesa deste tipo de discurso — promove contornos ainda mais específicos compartilhados por empresários de diferentes partes do mundo.

A problemática parece estar mais diretamente ligada à perda de mercados e seus impactos no comércio de bens no geral. Mas o ápice do receio da militância empresarial está no impacto financeiro que possíveis nacionalizações — característica eminente aos regimes comunistas ou de tendência socialista —, restrições no envio de remessas de lucro, mudança em políticas de importação e exportação, dentre outras, promovem. A possibilidade de mudança de sistema, saindo da órbita da organização direta do capital — para o alinhamento internacional à União Soviética e à países socialistas —, deve ser vista como a principal força motriz para a ampliação da militância empresarial em prol da defesa de seus capitais. Nesse ponto, é importante ressaltarmos a diferença entre sistema, regime e governo[66].

A chave de compreensão acerca dessa dinâmica parece estar na busca pela garantia de que seus negócios estariam seguros. Para

---

[65] FONTES, Virginia. **O Brasil e o capital-imperialismo**: teoria e história. Rio de Janeiro: Editora UFRJ, 2010.

[66] Pretendemos fazer essa diferenciação de maneira metodológica e resumida para aplicar aos objetivos do artigo. Para mais subsídios sobre essa diferenciação, ver os verbetes sistema político: BOBBIO, 2008, v. 2, p. 1163-1668; regime político: BOBBIO, 2008, v. 2, p. 1081-1084; e governo: BOBBIO, 2008, v. 1, p. 553-555.

que isso fosse possível dentro dos contextos nos quais estamos analisando, era necessário avaliar globalmente suportes, apoios e questionamentos. Dessa forma, a primeira questão que se coloca é o suporte a regimes no qual seus agentes desenvolvam sua organização sob a órbita do capital. Essa chave é importante para compreender por quais razões o empresariado ocupou postos e liderou golpes, em diferentes países, regimes ditatoriais, ou de democracia restrita. Dessa maneira, o sistema organizacional do Estado deveria ser capitalista. A forma como seus agentes organizam o Estado, constroem suas regras e estabelecem seus acordos não surge como um problema para o empresariado. Dentro dessa dinâmica, os governos aparecem como interlocutores diretos. A ocupação de postos do Estado, a movimentação desses grupos entre sociedade civil e sociedade política, desenvolve-se dentro dessa conjuntura. Então, a garantia de segurança para os investimentos depende, de maneira ampla, do sistema no qual esse país se alinha — nos tempos de Guerra Fria.

A segunda camada é o regime político. Nesse ponto, é preciso que a análise esteja relacionada à conjuntura nacional, mas podemos indicar por meio de exemplos diretos que grande parte do empresariado estava mais preocupado com a garantia de seus negócios do que com a construção de um Estado democrático. A defesa da democracia, muitas vezes, foi feita justamente para assegurar a estabilidade política necessária para a garantia de suas finanças. O uso do discurso democrático ao longo da ditadura empresarial-militar se vale da manutenção de instituições em aparente funcionamento, como as casas legislativas e o Judiciário. A ditadura brasileira se vestiu de democracia, buscou a legitimidade de suas ações nessa base institucional na qual seu caráter repressivo fosse justificado como necessário para manter o regime "democrático", instaurado pela "revolução democrática de 1964". O empresariado não só apoiou e protagonizou o golpe, mas buscou legitimar o discurso "democrático" do movimento, construindo suas bases ideológicas, garantindo que seus negócios não tivessem prejuízos, que o regime permanecesse estável, sem possibilidades de impacto em suas empresas. É, também, por essa razão que o protagonismo empresarial permaneceu ao longo dos anos do regime.

Nessa chave, compreendemos a participação de empresários em golpes de Estado e no suporte a regimes repressivos. A garantia dos interesses de classe está diretamente ligada à estabilidade política de seus países — que asseguram seus investimentos. Da mesma forma, esses grupos defendem a volta à democracia ou a regimes mais abertos politicamente quando observam possibilidades conjunturais de crises potenciais, momentos nos quais seus negócios possam ser colocados em xeque. Payne[67] trabalha a questão de maneira similar à nossa, apesar de atribuir ao empresariado características que discordamos, como a falta de representatividade política. Para ela, estes dependem sempre de outros setores para a consecução de seus objetivos dentro da sociedade política. Entendemos que qualquer ação coletiva de classe pressupõe negociações e acordos, mas entendemos que o empresariado — nacional e internacionalmente — possui efetiva força política, seja ocupando postos na sociedade política, seja atuando na sociedade civil.

Diferentemente de Payne, que analisa a ação empresarial a partir da existência de uma efetiva ameaça aos investimentos da empresa privada como primordial para a ação coletiva desses grupos, buscamos entender o jogo de negociações entre setores da sociedade civil e política como algo inerente à ação de classe e não exclusiva aos momentos de crise. Concordamos com Payne quanto à questão da segurança de investimentos e sua influência da construção de regimes políticos. Para ela:

> As elites empresariais são indiferentes aos regimes políticos, mas se preocupam com a capacidade de determinados governos de proteger seus investimentos. Nem os governos democráticos nem os autoritários são inerentemente mais capazes de proteger os investimentos. Da mesma forma, ambos os tipos de regime são capazes de promover políticas que ameaçam os investimentos empresariais. Portanto, as elites empresariais não estão natural-

---

[67] PAYNE, Leigh A. **Brazilian industrialists and democratic change**. The John Hopkins University Press, Baltimore, 1994.

mente inclinadas a endossar nenhuma das formas de sistema político.[68]

Aqui entra especialmente a participação do empresariado no processo de transição brasileiro. Lemos[69] nos traz excelente reflexão sobre o processo transicional mostrando, de maneira robusta, que a estratégia de abertura do regime — e não especialmente de um dos governos que por ele passaram — vinha sendo gestada desde seu início, avaliando impactos, saídas, formas e negociando com setores da sociedade civil de maneira a evitar qualquer percalço, qualquer choque que pusesse em risco o formato do regime implementado — e a saída dele.

Os governos entram nesse contexto como negociadores. Apesar da militância geral pró capitalista, é na dinâmica da pequena política[70], a política do dia a dia, que a gestão a longo prazo se institucionaliza. Voltando às definições anteriores, temos então no Brasil, após 1964, uma regime empresarial-militar, alinhado ao sistema capitalista.

O golpe empresarial-militar de 1964 pode ser compreendido como uma solução final para um período de instabilidade política precedente, caracterizado por momentos de crise política e institucional. É nesse contexto de crise que se inserem importantes atores políticos, provenientes de diferentes formações, mas com semelhante relevância no cenário nacional. Muitas interpretações foram feitas acerca desses episódios levando frequentemente em consideração a atuação das Forças Armadas no processo, pontuando esparsamente a atuação dos setores civis junto a estas[71]. A proposta a ser desenvolvida neste livro visa a um tipo de análise mais específica, por meio

---

[68] No original: *Business elites are indifferent to political regimes, while be concerned about the capacity of particular governments to protect their investments. Neither democratic nor authoritarian governments are inherently better able to protect investments. Similarly, both types of regimes are capable of promoting policies that threaten business investments. Thus, business elites are not naturally inclined to endorse either form of political system.* PAYNE, 1994, p. XV, tradução nossa.

[69] LEMOS, Renato Luis do Couto Neto e. **Ditadura, anistia e transição política no Brasil 1964-1979.** Rio de Janeiro: Consequência, 2018.

[70] GRAMSCI, 2006b, p. 21.

[71] Entendemos que é preciso qualificar o debate sobre o elemento civil do golpe. Faremos isso nos próximos capítulos.

de um estudo de caso, realizado dentro do período de crise orgânica dos anos 1960. Trabalharemos com a trajetória de vida de Aliomar Baleeiro, pontuando suas relações e suas posições ideológicas frente a temas como a Doutrina de Segurança Nacional, a Doutrina de Guerra Revolucionária e o golpe empresarial-militar de 1964. O nosso objeto de pesquisa dentro da temática apresentada é a rede de relações políticas de Aliomar Baleeiro no período imediatamente anterior ao golpe, buscando suas relações e aprofundando a interpretação acerca do elemento civil do processo.

Esse elemento civil se encaixa no que metodologicamente estamos definindo como participação ativa via sociedade política. Esse exercício visa continuar o debate sobre a qualificação do elemento civil no contexto do golpe em 1964. Dessa forma, utilizando a metáfora de produções artísticas teatrais e audiovisuais, podemos considerar esse grupo como coadjuvante, intelectuais orgânicos que agiram como atores políticos secundários no cenário de crise, porém com importância fulcral para a construção da história, no nosso caso, para a tomada do Estado. Nessa mesma chave, estão os civis com participação ativa na sociedade civil. Essa divisão, fundada na percepção de Estado ampliado gramsciana, permite-nos inferir uma metodologia que permita mostrar a integração entre protagonistas e coadjuvantes no processo histórico dos anos 1960 no Brasil, mostrando a congruência orgânica de diferentes setores civis na consecução do golpe. Os elementos ativos fundados na sociedade civil, trabalhados por Dreifuss e outros autores, como a Igreja, os sindicatos e organizações de classe patronais.

6. Do objeto: fontes e contexto

Nosso enfoque está no estudo da elite orgânica organizada — muito estudada por diversos autores —, sobretudo aquela sob a organização partidária da União Democrática Nacional. Nessa chave, destacamos a compreensão gramsciana sobre os três momentos da luta de classes, com o objetivo de subsidiar teoricamente nossa compreensão sobre partido político.

Para tal, debruçamo-nos em seus diários políticos de Aliomar Baleeiro, depositados em seu arquivo pessoal, procurando caracterizá-lo como representante de uma intelectualidade que vinha sendo produzida organicamente pela classe dominante brasileira. Demonstraremos, por meio de seus diários políticos, a relação entre as perspectivas teóricas desenvolvidas por civis e militares que fomentaram a organização da frente golpista que mudou o regime brasileiro em 1964.

As fontes utilizadas em grande parte pertencem ao Arquivo Aliomar Baleeiro, depositado na Escola de Ciências Sociais FGV CPDOC. O arquivo textual contém as seguintes séries: Atuação Acadêmica (funcional), onde encontramos documentação relativa à atuação de Aliomar Baleeiro nas universidades em que lecionou; Atuação Jurídica (funcional), contendo documentos relacionados à sua atuação como advogado; Atuação Parlamentar (funcional), que abrange a documentação produzida ao longo de sua carreira política, incluindo documentos relativos à sua atuação como dirigente da UDN, material de campanha, projetos de lei e de emenda à Constituição e correspondência com diversos políticos; série Correspondência (tipológica), que reúne dossiês de correspondência entre Aliomar Baleeiro e diversas personalidades, contemplando assuntos pessoais e, em alguns casos, assuntos relativos à conjuntura política, tratados de maneira informal; série Documentos Complementares, que inclui dossiês relativos a documentos póstumos; série Documentos Pessoais (tipológica), que inclui dossiês contendo certidões, declarações, contratos, recibos e currículos do titular; série Editora Forense (tipológica), com dossiês referentes à atuação de Aliomar Baleeiro como diretor-presidente da empresa; série Produção Intelectual (tipológica), que contém textos, discursos, diários e artigos produzidos por Aliomar Baleeiro e por terceiros; série Supremo Tribunal Federal (funcional), relativa à fase em que Aliomar Baleeiro atuou como ministro desse tribunal (1965-1975).

O corpus documental é constituído por sete diários manuscritos de Aliomar Baleeiro, cinco dos quais escritos no Rio de Janeiro e dois, durante sua estada em Brasília como ministro do Supremo

Tribunal Federal. Em alguns momentos, são produzidos no mesmo período, de maneira alternada, dependendo do local onde o autor se encontrava. O primeiro volume dá conta das memórias políticas de sua juventude, abrangendo o período de 1910 a 1925. Parece ter havido por parte do titular um interesse na reconstrução de suas memórias, mostrando dessa maneira um teor um pouco diferente dos demais volumes. No segundo, destacam-se as opiniões acerca do segundo Governo Vargas (1951-1954), da posterior situação política, do Governo Café Filho (1954-1955) e de seu processo sucessório, da candidatura e do governo Juscelino Kubitschek (1956-1961), indo do início de 1950 ao fim do ano de 1955 (com uma interrupção nos anos de 1951 e 1952). O terceiro volume se destaca pela narração do Golpe de 1964, incluindo seus antecedentes e a crise que resultou no Ato Institucional n.º 2 (27/10/1965), abrangendo o período imediatamente seguinte do fim do segundo volume (fim de 1955) e chegando até abril de 1966 (existem poucos registros nos anos de 1956-1958 e 1960-1962). No quarto volume, destacam-se a "campanha" do general Artur da Costa e Silva à presidência da República, a votação da Constituição de 1967, a Lei de Imprensa, a morte do general Castello Branco, a crise que resultou no Ato Institucional n.º 5 (13/12/1968) e a eleição de Ernesto Geisel, abrangendo o período entre junho de 1966 e março de 1975. No quinto e último volume, o principal assunto é o governo Ernesto Geisel (1974-1979), e tem seu último relato em fevereiro de 1978, ano da morte do titular. Temos ainda dois cadernos com anotações feitas ao longo de sua estada em Brasília. O primeiro volume vai de março de 1966 a novembro de 1969; e o segundo, de novembro de 1969 a abril de 1975.

Como é possível observar por meio da simples descrição da documentação, os diários políticos de Aliomar Baleeiro constituem uma fonte histórica essencialmente primária, dotada de uma lógica temporal e de uma abrangência considerável, abrindo múltiplas perspectivas de pesquisa histórica. Dotada de uma visão particular a partir de um ator político importante e influente em seu meio, a fonte se destaca, também, pelo ineditismo e originalidade.

Para analisar o problema proposto, será utilizado o terceiro volume escrito no Rio de Janeiro, mais especificamente seus escritos nos anos de 1963 e 1964, imediatamente antes do golpe de 1964, marco cronológico final desta análise. Por meio dos diários, buscaremos construir a rede de relações de Aliomar Baleeiro, ressaltando sua aproximação a atores políticos essenciais para a compreensão da conjuntura política do momento.

7. Do personagem: Aliomar Baleeiro em breves linhas

Aliomar de Andrade Baleeiro nasceu em Salvador em 5 de março de 1905. Seu pai foi correligionário de Severino Vieira — ministro da Indústria, Viação e Obras Públicas de 1898 a 1900 e governador da Bahia de 1900 a 1904 — e transmitiu-lhe desde cedo o interesse pelos assuntos políticos. Fez o curso preparatório com o professor Torquato Bahia, ingressando na Faculdade de Ciências Jurídicas e Sociais da Bahia em 1921. Nesse mesmo ano, iniciou suas atividades profissionais como repórter do jornal *A Imprensa*, fundado com o objetivo de promover na Bahia a candidatura de Arthur Bernardes à presidência da República. Com sua vitória e a extinção do jornal, trabalhou nos jornais *O Imparcial* e *A Tarde*. Influenciado pelo pensamento liberal de Rui Barbosa na faculdade, participou ativamente do movimento contra Seabra Fagundes, governador do estado de 1920 a 1924. Após se formar em 1925, deixou a atividade jornalística e fundou um escritório de advocacia com seu colega de faculdade e amigo Luiz Viana Filho. Após a Revolução de 1930, aproximou-se do interventor federal no estado Juracy Magalhães. Em meados de 1933, assumiu a direção do jornal *O Estado da Bahia* imprimindo ao longo de sua permanência no cargo (1933-1935) uma orientação favorável ao situacionismo estadual e ao governo Getúlio Vargas.

Sua carreira política iniciou-se em 1934 ao aderir ao Partido Social Democrático da Bahia (PSD-BA), concorrendo vitoriosamente às eleições para a Assembleia Estadual Constituinte do estado. Após a promulgação da Constituição estadual, permaneceu na Assembleia

Legislativa como vice-líder da maioria, representada pelo PSD-BA. Baleeiro acompanhou Juracy Magalhães em sua discreta oposição a Vargas e ao processo crescente de centralização de poderes do governo federal. Às vésperas da implantação do Estado Novo, foi preso por 24 horas. Desfechado o golpe de Estado em 10 de novembro de 1937[72], Juracy Magalhães renunciou ao governo do estado, recebendo a solidariedade de Baleeiro e da maioria dos deputados baianos que tiveram seus mandatos interrompidos com a supressão dos órgãos legislativos do país. Com a suspensão de sua carreira parlamentar, voltou a atuar como advogado, mantendo-se vinculado aos adversários do Estado Novo, escrevendo artigos e dirigindo revistas jurídicas. Em 1942, tornou-se professor catedrático de ciências das finanças da Faculdade de Direito da atual Universidade Federal da Bahia.

Em agosto de 1943, realizou-se no Rio de Janeiro o I Congresso Jurídico Nacional, que trouxe à tona uma oposição liberal ao regime do Estado Novo. No encontro, os representantes de Minas Gerais e da Bahia acertaram o lançamento em seus estados de manifestos pela reconstitucionalização do país. O Manifesto dos Mineiros, datado de 24 de outubro de 1943, foi o primeiro pronunciamento público de setores liberais contra o Estado Novo e possuía em suas bases elementos que posteriormente fundariam a União Democrática Nacional (UDN). Dentre eles podemos destacar os nomes de Afonso Arinos, Bilac Pinto e Adauto Lúcio Cardoso por sua relação mais próxima a Aliomar Baleeiro. A motivação possuía caráter político, indo contra a atuação de Getúlio Vargas na Presidência.

---

[72] "Nome com que é tradicionalmente designado na historiografia brasileira o período ditatorial que, sob a égide de Getúlio Vargas, teve início com o golpe de estado de 10 de novembro de 1937 e se estendeu até a deposição de Vargas, em 29 de outubro de 1945. Duas linhas básicas de interpretação têm prevalecido na maneira de situar essa fase abertamente ditatorial no curso do processo político inaugurado pela Revolução de 1930. Uma primeira interpretação tende a situar o Estado Novo como um parêntese ditatorial, provocado por causas conjunturais internas e externas, no processo de democratização das instituições políticas brasileiras iniciado em 1930 e retomado em 1945. A outra interpretação, ao contrário, vê o Estado Novo como resultante do prevalecimento da vertente autoritária contida na própria Revolução de 1930, vertente essa que expressaria uma tendência estrutural nos países de capitalismo retardatário e dependente." MARTINS, Luciano. **Estado Novo**. Dicionário Histórico Biográfico Brasileiro. Disponível em: https://www18.fgv.br/CPDOC/acervo/dicionarios/verbete-tematico/estado-novo. Acesso em: 15 out. 2023.

O Manifesto denunciava a contradição entre a luta contra o fascismo na Europa e a manutenção de uma ditadura no país, caracterizada pela centralização e hipertrofia do Executivo. Reclamava os princípios de um tipo de liberalismo político aliado à democratização da economia, condenando o corporativismo e as práticas fascistas. A repercussão do Manifesto levou o governo a reprimir seus signatários por meio de sanções em suas vidas profissionais sem acarretar nenhuma prisão, processo ou enquadramento em leis como a Lei de Segurança Nacional[73]. Essa forma de repressão mais "branda" foi motivada pela origem social de seus membros que pertenciam à elite orgânica e a facções oligárquicas, diferenciando-se da empreendida pelo Estado Novo aos movimentos contestatórios de operários, estudantes e militantes comunistas. Baleeiro tentou lançar um manifesto nos mesmos termos na Bahia, desistindo devido ao pequeno número de adesões. Com o decreto do Ato Adicional por Vargas em 28 de fevereiro de 1945, foi estabelecido um novo prazo para a convocação de eleições. Diante disso, a oposição liberal anunciou a candidatura do brigadeiro Eduardo Gomes à presidência da República, organizando em seguida um novo partido político, a União Democrática Nacional (UDN).

A fundação da UDN em 7 de abril de 1945 deve ser entendida como um marco importante dentro de nossa análise. Aliomar Baleeiro havia angariado parceiros e inimigos políticos ao longo de seus primeiro mandato como deputado, porém a ascensão como representante de uma elite orgânica começou sua escalada nacional com o fim do Estado Novo e a consequente entrada no partido. Apesar de seu afastamento das atividades legislativas devido ao cerceamento produzido por Getúlio Vargas e sua Constituição de

---

[73] "Em 4 de abril de 1935, foi sancionada a primeira Lei de Segurança, definindo crimes contra a ordem política e social, a Lei nº 38. Essa lei inaugurou o critério, que até hoje se mantém, de deslocar para leis especiais os crimes contra a segurança do Estado, o que sempre se fez para submeter tais crimes a um regime especial de maior rigor, com o abandono de garantias processuais". FRAGOSO, Heleno. Lei de segurança nacional. **Dicionário Histórico-Biográfico Brasileiro**. Disponível em: https://www18.fgv.br/CPDOC/acervo/dicionarios/verbete-tematico/lei-de-seguranca-nacional. Acesso em: 15 out. 2023.

1937, Baleeiro permaneceu como um dos principais porta-vozes da oposição baiana, destacando-se por meio de sua atuação acadêmica.

Devido a esse ponto, consideramos a fundação da UDN em 1945 como o primeiro ponto a ser analisado para a construção de nossa hipótese de trabalho. A partir desse momento, a rede de relações de Aliomar Baleeiro começa a ser edificada de maneira contumaz. Uma evidência desse processo está em seus diários, iniciados no ano de 1950[74].

O novo partido político abarcava uma série de tendências políticas e raízes históricas. Maria Victoria Benevides indica cinco categorias dessas tendências:

> a. As oligarquias destronadas com a Revolução de 1930
>
> b. Os antigos aliados de Getúlio, marginalizados depois de 1930 ou em 1937;
>
> c. Os que participaram do Estado Novo e se afastaram antes de 1945;
>
> d. Os grupos liberais com uma forte identificação regional
>
> e. As esquerdas[75]

Aliomar Baleeiro foi fundador da UDN baiana. Em depoimento depositado em seu arquivo, relata os meandros da formação do partido em seu estado

> No fim de 44 tivemos a notícia da prisão de Adauto Cardoso, Dario Magalhães, Virgílio Melo Franco, por certos pronunciamentos aqui. Em princípio de 45, já estávamos em contacto com nossos elementos aqui para ação conjunta. Publicada a entrevista que

---

[74] O primeiro volume de seus diários tem características de escritos de memória, interrompido em 1925. Arquivo Aliomar Baleeiro.

[75] BENEVIDES, Maria Victoria de Mesquita. **A UDN e o udenismo**. Rio de Janeiro: Paz e Terra, 1981. p. 29.

José Américo concedeu a Carlos Lacerda no Correio da Manhã, se me não engano, em fevereiro de 1945, imediatamente nos preparamos para tomar providencias na Bahia. E até aqueles que pareciam mais tímidos, já nos diziam: "Parece que estamos vivendo num clima pré-revolucionário". Assim que foi tramada a formação da UDN, reunindo todos os partidos que, hostis entre si no passado, confluíam para uma orientação comum no sentido democrático no combate à ditadura, nós tomamos as providências para criar na Bahia o ramo local da UDN. Foi feito no meu escritório, e me lembro que tirei os primeiros 50 mil réis, à época, para passar um carbograma a Virgilio de Melo Franco, que era o secretário geral da UDN, dizendo que havíamos criado a UDN lá e estávamos em pleno apoio com ele. De então por diante, travou-se uma correspondência muito freqüente entre nós e o Virgilio de Melo Franco. Até então, a UDN funcionou em nosso escritório de advocacia. Mas aí, já Juracy Magalhães tinha obtido do Gen. Dutra uma licença para dedicar-se à campanha lá na Bahia. E, por sua vez, o Supremo Tribunal Federal deu o *habeas corpus* ao Dr. Otávio Mangabeira, fazendo com que ele voltasse ao país. E sorte que, dentro de pouco tempo tínhamos na Bahia dois líderes: Mangabeira e Juracy. É preciso explicar que no regime, até 10 de novembro de 1937, a política baiana era dividida em duas grandes correntes: a corrente chefiada por Juracy Magalhães e que apoiou Vargas até 10 de novembro, ou até próximo do 10 de novembro; e a corrente dos antigos elementos políticos tombados em 1930, chamavam-se autonomistas, diziam que defendiam a autonomia da Bahia e que tinham como líder Dr. Mangabeira. [...] Durante o período de 8 anos do Estado Novo, as duas correntes se aproximaram, e então os dois líderes se entenderam perfeitamente. Creio que o Dr. Mangabeira foi eleito presidente da UDN da Bahia[76].

---

[76] Arquivo Aliomar Baleeiro. Dossiê AB pi Baleeiro, A. 1975.12.20.

Em dezembro de 1945, após a saída de Vargas, Baleeiro foi eleito deputado pela Bahia à Assembleia Nacional Constituinte na legenda da UDN, ao mesmo tempo que o candidato udenista Eduardo Gomes era derrotado nas eleições presidenciais por Eurico Gaspar Dutra, candidato de Vargas, da chapa PTB-PSD. Na Assembleia Nacional Constituinte de 1946, Baleeiro integrou a Comissão Constitucional e foi designado para a subcomissão de Discriminação de Rendas, que redigiu o capítulo do anteprojeto referente ao sistema tributário. Destacou-se por várias propostas em favor da autonomia municipal. Convertida a Assembleia Nacional Constituinte em Congresso ordinário, Aliomar Baleeiro ocupou a cadeira de deputado federal durante a legislatura 1946-1951. Em outubro de 1950, reelegeu-se na legenda da Aliança Democrática da Bahia, coligação estadual encabeçada pela UDN.

Com a eleição de Vargas por 48% dos votos para a presidência, a UDN requereu à Justiça Eleitoral a realização de novas eleições, argumentando que o presidente eleito não havia alcançado a maioria absoluta dos votos. Essa medida foi realizada por iniciativa de Aliomar Baleeiro, que se destacou como um dos mais aguerridos adversários de Vargas ao longo do governo. No Congresso, a UDN liderou a oposição por intermédio da "Banda de Música", grupo formado pelos bacharéis (além de Aliomar Baleeiro, compunham esse grupo Adauto Lúcio Cardoso, Afonso Arinos, Bilac Pinto, José Bonifácio entre outros) sentados na primeira fila do plenário com uma oratória inflamada. O grupo atacava sistematicamente a política econômica do governo por ser contra o projeto de política salarial e social de Vargas e pelo avanço do nacionalismo. Criticou o projeto de criação da Petrobras assumindo, porém, uma atitude nacionalista a favor do monopólio estatal do petróleo. No início de 1953, a "Banda de Música" da UDN e o jornalista Carlos Lacerda (dono do jornal *Tribuna da Imprensa*, porta-voz da oposição a Vargas) denunciaram as transações financeiras entre o Banco do Brasil e o jornal Última Hora. Baleeiro foi designado para a Comissão Parlamentar de Inquérito (CPI) encarregada de investigar o caso.

A oposição udenista a Vargas se intensificou em abril 1954 quando tentaram destituí-lo da presidência da República, submetendo à Câmara uma moção de impedimento, rejeitada pela maioria. Após o atentado contra Carlos Lacerda em agosto do mesmo ano, Aliomar Baleeiro foi o primeiro a propor no plenário da Câmara o afastamento de Vargas. Diante de tais pressões e da iniciativa do Exército de retirá-lo do cargo, Vargas se suicidou. Seu vice, Café Filho, formou um ministério com uma maioria de elementos identificados com a UDN. Em outubro de 1954, Baleeiro se reelegeu deputado federal pela legenda.

Em outubro de 1955, Juscelino Kubitschek e João Goulart foram eleitos presidente e vice-presidente com um terço dos votos. Novamente Baleeiro contestou a legitimidade da vitória por meio da tese da maioria absoluta. A UDN recorreu à Justiça Eleitoral e teve apoio dos jornais *Tribuna da Imprensa* e *O Estado de São Paulo*, que incitavam a intervenção das Forças Armadas no processo político. A tensão política agravou-se após o discurso do general Jurandir Mamede contra a posse dos candidatos na primeira semana de novembro. No dia 11 de novembro, o general Henrique Lott mobilizou o Exército contra o presidente em exercício Carlos Luz a fim de assegurar a posse de Kubitschek. As tropas do I Exército assumiram o controle da capital levando Carlos Luz a fugir, enquanto a Câmara dos Deputados aprovava seu impedimento contra os votos da UDN. Dez dias depois, Lott mobilizou novamente o Exército para impedir a volta de Café Filho, tendo sido apoiado novamente pela Câmara. Numa atitude de protesto, Baleeiro e outros deputados udenistas tentaram processar os generais Lott, Odílio Denis, entre outros, como organizadores e responsáveis pelos movimentos de ·11 e 21 de novembro de 1955.

A "Banda de Música" voltou a se destacar pela oposição ao presidente Kubitschek. Baleeiro dirigiu duras críticas à política econômico-financeira do ministro da Fazenda, José Maria Alkmin. Em 1958, graças às gestões de Baleeiro, Juracy Magalhães e Otávio Mangabeira, dois políticos udenistas de importância regional, reconciliaram-se após oito anos de rompimento, tendo em vista as eleições de outubro na Bahia. Apesar da vitória de ambos, como governador e senador respectivamente, Baleeiro não se reelegeu à Câmara Federal, sendo convidado por Juraci Magalhães para ocupar a Secretaria da Fazenda da Bahia. Em 1960, deixa a Secretaria da Fazenda para se candidatar às eleições da Assembleia Constituinte do recém-criado estado da Guanabara, mudando de domicílio eleitoral para tentar um cargo no Legislativo após a perder as eleições federais. Elege-se ao mesmo tempo que Carlos Lacerda vence as eleições para o governo estadual.

Capítulo 1

1. Da crise orgânica dos anos 1960: características

Ao longo do desenvolvimento da pesquisa, podemos observar alguns pontos de extrema relevância para a caracterização do momento de crise orgânica do capitalismo brasileiro da década de 1960, em que diversos atores políticos atuaram de forma direta e contribuíram para a execução e consolidação da tomada de poder em 1964. Parcelas da sociedade civil e, mais especificamente, representantes do capitalismo monopolista ascendente na conjuntura econômica brasileira tiveram importante papel no desenvolvimento de um projeto hegemônico de sociedade que se pretendia vitorioso. As vias institucionais legais não bastaram para a conclusão de suas pretensões. A solução golpista os fez pôr em curso uma bem articulada rede de influências liderada pela parcela representante do capital internacionalista, baseado em divisas multinacionais e em operações de associação de capital. A ascensão desse grupo ao domínio do poder econômico no período inaugurado por Juscelino Kubitschek (1956-1961) e pela abertura do mercado brasileiro à entrada massiva de capital estrangeiro gerou uma demanda evidente de domínio político dessa fração da classe dominante brasileira.

O objetivo dos representantes do grupo do capital multinacional e associado, em um primeiro momento, era o de compartilhar o poder com a convergência de classe populista[77] que controlava o

---

[77] A convergência de classe populista pode ser explicada pela definição de populismo encontrada em Dreifuss, que entende "[...] o populismo como o bloco histórico construído pelas classes dominantes dentro das condições particulares do Brasil, isto é, a integração e articulação de diferentes classes sociais sob a liderança de um bloco de poder oligárquico-industrial. Mesmo sendo a forma que tentou encobrir a supremacia de classe desse bloco de poder, o populismo permitiu a existência de um espaço político no qual as classes trabalhadoras foram capazes de expressar algumas de suas reivindicações e de desenvolver formas organizacionais que tentaram quebrar a camisa-de-força ideológica e política populista". DREIFUSS, 2006, p. 36, nota 55. Para uma excelente discussão acerca do uso do conceito de populismo, ver MELO, 2014, p. 26-27.

Estado.[78] Porém o domínio político da burguesia tradicional e dos setores oligárquicos entrava em conflito com os interesses do capital monopolístico transnacional. Ao longo da década de 1960, observamos o crescimento do embate político-ideológico desses grupos. Trataremos desse momento a fim de caracterizar a correlação de forças existentes no país ao longo da década de 1960, desde o início da crise do regime populista até a derrocada do regime político referido com a derrubada de João Goulart. Essa conjuntura deve ser entendida como o resultado de um momento de crise orgânica[79] estrutural do regime populista vigente desde 1946, cujo resultado foi uma articulada ação coletiva da fração da classe dominante representante dos interesses do capital monopolístico transnacional, que resultou em um golpe de classe, executado por forças militares sob a sua liderança, com apoio e participação de importantes parcelas da sociedade civil brasileira.

O crescimento do poder econômico do grupo acima apresentado ia de encontro às ações e políticas empreendidas pelo governo populista. A produção acadêmica acerca do período põe em xeque a noção do conceito de populismo e considera o interregno entre os anos de 1946 e 1964 como um momento de experiência democrática. Devemos elucidar que discordamos em grande parte de ambas as questões destacadas. Entendemos que o termo "populismo" trata de um tipo específico de regime político, baseado em um compromisso entre classes no qual a incapacidade das frações de classe em exercer

---

[78] DREIFUSS, 2006, p. 136.

[79] O conceito de crise orgânica é assim definido por Álvaro Bianchi: "Colocando de tal maneira o problema, temos que a crise de hegemonia não é definida automaticamente pela crise econômica. A crise econômica, tomada em seu sentido amplo como crise de acumulação resultante da queda tendencial da taxa de lucro, pode ser pressuposta da crise de Estado. Mas ela não a põe, por si própria, a crise de hegemonia. Quando a crise econômica e a crise de hegemonia coincidem no tempo, temos o que Gramsci chama de crise orgânica, uma crise que afeta o conjunto das relações sociais e é a condensação das contradições inerentes à estrutura social. Para a eclosão da crise orgânica é preciso a coincidência dos tempos dessa crise de acumulação com o acirramento do choque entre as classes, e no interior delas próprias entre suas frações". BIANCHI, Álvaro. Crise, política e economia no pensamento gramsciano. **Novos Rumos**, n. 36, p. 28-37, 2002 *apud* MELO, 2014, p. 56.

a dominação direta deu origem ao "Estado de compromisso", que entrou em crise na década de 1960.[80]

No início da década de 1960, surgem duas forças sociais que desafiam o populismo.[81] A primeira diz respeito aos interesses do capital multinacional e associado — que seria a força socioeconômica dominante ao longo da década de 1960; e a segunda, ao crescimento e à politização da classe trabalhadora industrial, provocando o acirramento da luta de classes.

A proeminência dos grupos representantes dos interesses do capital multinacional e associado teve como consequência a formação de um novo conjunto de agentes sociopolíticos e de um aparelho civil e militar modernizante. Tais agentes — os tecno-empresários, caracterizados por Dreifuss como os intelectuais orgânicos do novo bloco de poder em formação — serão os principais atores políticos da crise do regime populista.

Esses agentes, nos governos que antecederam o golpe de 1964, participavam dos aparelhos políticos e burocráticos do Estado. Os interesses multinacionais e associados formaram uma estrutura tecno-burocrática por meio da rede de influências dentro do aparelho de Estado. Essa estrutura Dreifuss chamará de anéis de poder burocrático-empresariais.[82] Essa rede era formada pelas camadas mais altas da administração pública e pelos técnicos pertencentes a agências e empresas estatais. Tais anéis de poder favoreciam, quase exclusivamente, os interesses empresariais específicos, em detrimento de outros setores da sociedade civil. Além dos tecno-empresários, Dreifuss destaca a participação de militares, principalmente membros do quadro da Escola Superior de Guerra (ESG). Esses elementos representavam, na sociedade política, os interesses dos grupos organizados na sociedade civil. A representação de interesses de

---

[80] Não entraremos no debate acerca da caracterização mais aprofundada da problemática acadêmica em torno do conceito de populismo. Visamos determinar resumidamente nossa concordância com as correntes que analisam o período baseadas na validade e atualidade de tal conceito. Para discussão sobre o estado atual dessa questão, ver MELO, 2009, p. 28-29.

[81] DREIFUSS, 2006, p. 136-159.

[82] CARDOSO, Fernando Henrique. **Autoritarismo e democratização**. Rio de Janeiro: Paz e Terra, 1975 *apud* DREIFUSS, *op. cit.*, p. 80.

grupos da sociedade civil na sociedade política é definida pelo autor como administração paralela e uso do *lobbying* sobre o Executivo.[83]

No âmbito da sociedade civil, Dreifuss aponta para o desenvolvimento de uma estrutura de solidariedade de interesses do bloco multinacional e associado, em fins dos anos 1950 e início dos anos 1960, que inclui escritórios de consultoria empresarial, associações de classe patronais, como a Federação das Indústrias do Estado de São Paulo (Fiesp), o Centro das Indústrias do Estado de São Paulo (Ciesp) e a American Chambers of Commerce, e grupos de ação, sendo o Instituto Brasileiro de Ação Democrática (Ibad) e o Instituto de Pesquisa e Estudos Sociais (Ipes) os mais importantes. Acompanhamos Dreifuss na ideia de que essa estrutura de solidariedade representava o partido[84] político do grupo dos interesses multinacionais e associados.

A representação na sociedade política por meio da administração paralela e do uso do *lobbying* do Executivo eram alguns dos elementos considerados importantes pelos interesses multinacionais e associados. Além disso, "eles desejavam compartilhar do governo político e moldar a opinião pública, assim o fazendo através da criação de grupos de ação política e ideológica"[85]. A atuação desses aparelhos privados de hegemonia no início da década de 1960 incluiu a influência direta desse grupo no apoio à candidatura de Jânio Quadros à presidência. Para Dreifuss, essa foi a última tentativa eleitoral para conseguir compartilhar o poder de Estado com o bloco populista vigente.

Dessa maneira, Dreifuss entende a formação do bloco de poder multinacional e associado a partir da compreensão de que estes se encontram na esfera das superestruturas complexas, na medida em que se organizam em torno da construção de um projeto hegemônico

---

[83] DREIFUSS, 2006, p. 110.

[84] Utilizaremos o conceito de partido na acepção gramsciana, em que um partido é qualquer aparelho privado de hegemonia que organize um grupo, constituindo uma vontade coletiva organizada concretizada na ação, incluindo a imprensa, as agremiações, associações e afins. Para a conceituação completa ver GRAMSCI, 2006b, caderno 13.

[85] DREIFUSS, 2006, p. 111.

de sociedade. É a partir dessa ideia que desenvolveremos o ponto seguinte do presente trabalho, com o objetivo de demonstrar a ação político-ideológica do grupo do capital multinacional e associado, indicando a formação desta por meio dos aparelhos privados de hegemonia presentes na sociedade civil da época.

Além dos aspectos mais especificamente pontuados, devemos ressaltar ainda as conjunturas de crise no meio sindical, econômico e agrário.[86] A crise dos anos 1960, para Demian Melo, resume-se da seguinte forma:

> [...] a crise dos anos sessenta é a combinação de uma série de crises: agrária, econômica, sindical, política e militar, que acabou resultando na crise de dominação política, do regime, orgânica, tendo no pré-64 se configurado uma situação pré-revolucionária no Brasil, já que a iniciativa independente das massas apenas começava a se esboçar, e mesmo assim sob a direção política de uma esquerda que fazia uma leitura errada do caráter da revolução brasileira e, caso não acertasse o rumo – o que parecia improvável – levaria, se tivesse tido tempo, o movimento das classes subalternas para um impasse. Antes que tal alternativa se esboçasse no horizonte histórico, veio o golpe empresarial-militar de 1964, que por isto mesmo foi uma ação contrarrevolucionária preventiva das classes dominantes em conluio com o imperialismo.[87]

A crise dos anos 1960, entendida de maneira mais aprofundada, mostra-nos alguns desdobramentos importantes presentes na formação da burguesia nacional. Destacamos aqui duas abrangentes tradições brasileiras: "a da conciliação como forma de preservação dos interesses fundamentais das classes dominantes e a da contrarrevolução preventiva como estratégia anticrises."[88]

---

[86] Não discorreremos sobre esses aspectos, apesar de entender que a compreensão do período deva considerar todos os elementos constituintes da crise.

[87] MELO, 2009, p. 89-90.

[88] LEMOS, Renato. Anistia e crise política no Brasil pós-1964. **Topoi**, Rio de Janeiro, n. 5, p. 289, set. 2002.

Para nossa análise, o caráter contrarrevolucionário[89] preventivo do golpe é extremamente relevante. Essa proposição deriva, inclusive, da interpretação acerca da formação social brasileira na qual a burguesia nacional possui uma tradição de contrarrevolução permanente[90] e as classes dominantes buscam conter as revoluções sociais ao mesmo tempo que entram na ordem competitiva. A conciliação é desenvolvida pelos grupos dominantes com o objetivo de aplainar as divergências, ainda que tais posições se travestissem em benefícios ao povo.[91] Quando a utilização do aparato conciliatório da burguesia deixa de ser efetivo — e esse é eficiente em "tempos normais"[92] —, o conservadorismo partirá, muitas vezes, em busca de outras soluções. Uma delas é a contrarrevolução. Esta aparece no momento onde a crise se aprofunda.

A possibilidade real ou o espectro de uma revolução de caráter comunista contribuíram para configurar no Brasil da primeira metade da década de 1960 uma situação pré-revolucionária. O anticomunismo empreendido e o desenvolvimento de uma campanha em tais termos faziam com que muitos acreditassem plenamente na existência de um movimento revolucionário comunista no país.

Além da mobilização da classe operária com a greve geral de 1961 e da proliferação de um movimento sindical paralelo, devemos levar em conta o quadro internacional. A proximidade territorial e temporal com a Revolução Cubana (1959), seu alinhamento com o bloco socialista (1961) e a crise dos mísseis (1962), a Revolução Chinesa (1949) e a divulgação das ideias de Mao Tsé Tung, a construção do muro de Berlim dividindo o território alemão em 1961, a

---

[89] O conceito de contrarrevolução é desenvolvido no período da Revolução Francesa, opondo a burguesia revolucionária aos interesses feudais e clericais. Ao longo do tempo, é adaptada pelas camadas das classes dominantes. MAYER, Arno. **Dinâmica da contra-revolução na Europa**: 1870-1956. Rio de Janeiro: Paz e Terra, 1977.

[90] FERNANDES, Florestan. Revolução ou contra-revolução. *In:* FERNANDES, Florestan. **Brasil em compasso de espera**. São Paulo: Hucitec, 1980.

[91] RODRIGUES, José Honório. **Conciliação e reforma no Brasil**: um desafio histórico-cultural. Rio de Janeiro: Nova Fronteira, 1982. p. 110.

[92] LEMOS, 2002, p. 290.

Guerra da Coreia (1950-1953) estão entre as principais conjunturas que justificam essa afirmação.

· Mesmo os líderes desse processo que sabiam da efetiva inexistência de um movimento organizado estavam inseridos em uma dinâmica nacional e internacional conjuntural, que nos permite caracterizar o Brasil como um país em situação pré-revolucionária. Para Trotsky,

> Considerando-se que a política do proletariado é o principal fator de desenvolvimento de uma situação revolucionária, o caráter não-revolucionário da direção proletária impede a transformação da situação pré-revolucionária em revolucionária declarada e, desse modo, contribui para transformá-la em situação contra-revolucionária.[93]

Esta citação de Trotsky nos leva ao resumo de crise orgânica proposto por Melo, em que a direção política de esquerda teria feito uma leitura errada da revolução brasileira, contribuindo para a transformação da situação pré-revolucionária em contrarrevolucionária. A ação de classe burguesa se antecipou a uma provável releitura da revolução brasileira pelo movimento das classes subalternas ao conquistar o poder, demonstrando o caráter contrarrevolucionário preventivo do golpe de 1964. Esse caráter preventivo é traduzido pelo grau de consciência política que a liderança do Ipes possuía. Suas concepções tinham objetivos a longo prazo e eram essencialmente estratégicas.

2. Da última via institucional: as eleições presidenciais de 1960

Devido à vitória nas eleições parlamentares de 1958, a UDN iniciou o processo de escolha do seu candidato à presidência para as eleições de 1960. As divergências internas do partido polarizavam as opiniões entre a opção por um candidato próprio ou o

---

[93] TROTSKY, Leon. **Aonde vai a França?**. São Paulo: Desafio, 1994. p. 87.

apoio ao popular Jânio Quadros. Após um ano de considerações acerca do assunto, a UDN decidiu, no dia 8 de novembro de 1959, em Convenção Nacional, apoiar a coligação pela candidatura Jânio Quadros que havia sido homologada juntamente com a indicação para vice-presidente de Fernando Ferrari — dissidente do PTB — pelo PDC. A convenção udenista indicou outro candidato a vice, Leandro Maciel. Esse fato foi motivo de conflito entre a UDN e o PDC, levando à renúncia repentina de Jânio no dia 28 de novembro. Após reunião da cúpula da UDN, em 4 de dezembro, Jânio retirou a denúncia e o partido conseguiu que prevalecesse sua reivindicação quanto à vice- presidência, passando o candidato do PDC a um plano secundário. Leandro Maciel, nome eleitoralmente fraco, renunciou e foi substituído por Milton Campos, capaz de atribuir características mais udenistas à chapa. Jânio possuía uma postura peculiar, afastando-se de ligações partidárias mais íntimas, o que viria a refletir em seu governo. Aliomar Baleeiro foi contra sua indicação devido à sua aproximação ao governador da Bahia, Juracy Magalhães, que havia sido cogitado como candidato próprio da UDN à presidência. O maior defensor da candidatura de Jânio era Carlos Lacerda. A chapa da situação, apoiada pelo presidente Juscelino Kubitschek, era composta do Marechal Henrique Teixeira Lott para presidência e de João Goulart para a vice-presidência. A legislação eleitoral permitia a eleição de candidatos de chapas diferentes para a presidência e a vice-presidência, o que acarretou o resultado do pleito de 1960.

A UDN vencera sua primeira eleição presidencial com a subida de Jânio Quadros ao cargo máximo do Executivo. A força do candidato a vice pela chapa PTB-PSD fez com que seu êxito fosse incompleto. A ascensão de João Goulart como vice-presidente incomodou diversos setores das forças udenistas e das parcelas da sociedade civil que os apoiavam. A UDN era o partido mais próximo às ideias do capital multinacional e associado que vinha angariando espaço político no cenário nacional.[94] A administração paralela se tornara

---

[94] DREIFUSS, 2006, p. 136-159.

governo com Jânio. Porém, ao longo do seu período presidencial,[95] os interesses multinacionais e associados viram a impossibilidade de obter o reajuste extensivo da economia e da administração dentro de um sistema político eleitoral, na medida em que a economia que vinha enfraquecida do governo Juscelino Kubitschek e uma burocracia com vícios administrativos populistas eram cada vez mais inadequadas aos seus objetivos. O sistema político eleitoral aberto a interesses e pressões conflitantes também pode ser apontado como um dos fatores dessa impossibilidade.

O entusiasmo udenista perde força ao longo do curto mandato presidencial de Jânio. A condução do processo político, com a adoção de uma política externa independente que se afastava do alinhamento aos Estados Unidos dentro do quadro internacional, resultou num descontentamento de setores que o apoiaram anteriormente. Apesar de a condução da política econômica estar de acordo com os interesses representados, pois as diretrizes econômicas eram desenvolvidas por representantes do capital multinacional e associado, das associações de classes empresariais, membros da ESG entre outros que compunham os principais ministérios de Quadros, a aproximação com países e líderes comunistas e socialistas incitou ainda mais o medo do "perigo vermelho", latente nos meios políticos conservadores.

3. Do aprofundamento da crise do regime populista: renúncia e parlamentarismo

A inesperada renúncia de Jânio Quadros em 25 de agosto de 1961 causou um imenso alvoroço na política nacional. Os correligionários da UDN viam sua vitória esvaindo-se pelas mãos de um presidente que não havia honrado os compromissos firmados com o partido durante a campanha de 1960. A possibilidade de ascensão de João Goulart, "herdeiro político" de Getúlio Vargas, soou incômoda

---

[95] Não nos deteremos aqui na análise dos governos de Jânio Quadros e João Goulart, para não fugir dos objetivos do trabalho. Nossa intenção neste capítulo é contextualizar a crise do regime populista para compreender a derrocada final do mesmo com o golpe civil-militar de 1964.

aos udenistas e aos grupos que o apoiavam naquele momento. Com a renúncia, os ministros militares marechal Odílio Denis, almirante Sílvio Heck e brigadeiro Grun Moss formaram uma junta, com apoio de parte das Forças Armadas, e vetaram a posse do vice alegando que Goulart significaria uma ameaça à ordem e às instituições do país. Pretendiam impedir seu retorno — este estava em missão oficial à República Popular da China — ameaçando prendê-lo, podendo assim decretar a vacância do cargo, possibilitando a manutenção de Ranieri Mazzilli na presidência até a convocação de eleições extraordinárias em 60 dias. Após a garantia do retorno de João Goulart sem possibilidade de prisão, iniciam-se as discussões a fim de encontrar uma solução para a crise, acabando por surgir a defesa da adoção de um regime parlamentarista no país, restringindo assim o poder presidencial. As correntes legalistas, tanto militar quanto civil, discutiram amplamente a medida, o que terminou polarizando-as entre os que apoiavam a solução parlamentarista e os que defendiam a imediata posse de Goulart, mantendo em comum a rejeição do veto à posse do presidente. Esse movimento causou resistência principalmente no Rio Grande do Sul, onde a "Campanha da Legalidade" ganhou força nacional a partir da incitação de Leonel Brizola, que junto a outros elementos defendia a imediata posse de João Goulart na presidência, rejeitando amplamente a solução parlamentarista proposta.

No dia 2 de setembro de 1961, um dia após o retorno de Goulart ao Brasil, foi aprovada no Congresso Nacional a Emenda Constitucional n.º 4, que instalou o parlamentarismo no país, limitando os poderes presidenciais. A solução foi um "golpe branco",[96] realizada por meio de um mecanismo inconstitucional de mudança dos dispositivos da Constituição Federal — que não permitiam qualquer tipo de reforma constitucional em clima insurrecional. O parlamentarismo brasileiro foi definido por Otávio Dulci da seguinte forma:

---

[96] TOLEDO, Caio Navarro de. **O governo Goulart e o Golpe de 1964**. 18. ed. São Paulo: Brasiliense, 2004.

> [...] o Parlamentarismo adotado em 1961, híbrido em sua formulação institucional e falseado pela prática quotidiana, prescindia de intencionalidade governamental para mostrar-se inadequado no contexto de divisão de forças e no ambiente de crise estrutural em que surgiu.[97]

A solução parlamentarista criou posições híbridas, em que se mesclavam a favor ou contra diferentes frações de classe. Segundo Demian Melo, "o parlamentarismo foi o 'golpe possível' articulado pelas forças mais conservadoras, mas feito de forma tão improvisada que desagradou não só as esquerdas e Goulart mas um amplo espectro político"[98].

A UDN, diante de tal contexto, ameniza esse papel de partido de oposição estabelecendo uma aliança tática com o PSD, podendo dessa forma controlar o Congresso impedindo as ameaças da esquerda em ascensão. Segundo Dulci, "O ponto de afirmação da UDN era o fortalecimento do Parlamentarismo", frequentemente discutido dentro do partido, defendido por Aliomar Baleeiro, nesse momento deputado constituinte pela Guanabara. Sua posição frente aos acontecimentos fica clara em trecho retirado de texto de seu arquivo, escrito após o período que estamos analisando, em homenagem a Raul Pilla, deputado que deu nome à emenda parlamentarista:

> Na crise de agosto de 1961, esses líderes sobressaltados buscaram precipitadamente o remédio contra a guerra civil na farmácia de Raul Pilla. A formulação

---

[97] DULCI, Otávio. **A UDN e o anti-populismo no Brasil**. Belo Horizonte: UFMG, 1986. p. 176. Essa definição considera a crise dos anos 60 e a adoção do parlamentarismo como uma crise estrutural. Preferimos caracterizar esse momento como uma crise de regime, como consideramos anteriormente, na medida em que as estruturas do Estado brasileiro foram mantidas, porém o regime "democrático" institucionalizado no país a partir de 1946 sofreu forte abalo e veio a ser substituído por um regime ditatorial. Essa distinção é essencial para compreender a forma do Estado brasileiro após 1964, onde estruturas como o Legislativo e o Judiciário foram mantidas, porém a forma de regime — com o fortalecimento do Executivo — foi modificada. É importante esclarecer a distinção entre crise estrutural, crise de regime e crise de governo (que é a crise da forma de governo) para compreender qualquer processo político.

[98] MELO, 2009, p. 101. Não pretendemos destrinchar essa questão. Para uma análise historiográfica atual desta discussão e dos desdobramentos do sistema parlamentarista e do plebiscito, ver a obra citada nesta nota.

tosca e a manipulação sôfrega, por ele denunciadas no discurso breve (aliás, a brevidade era um dos segredos de sua catequese) de 1-9-1961, ao votar favoravelmente ao Ato Adicional, não impediram o resultado imediato e profícuo, conjurando-se a crise sombria e grávida de tragédias. Quaisquer que tenham sido os defeitos daquela Emenda Constitucional de setembro de 1961 e malgrado a efêmera duração de sua vigência, ha de reconhecer-se que o governo de Gabinete salvou o Brasil da luta fratricida e do cesarismo provável, ainda que pressões espúrias de tipo hispano-americano interrompessem a experiência para abrir oportunidade ao caos de 1963, que deflagrou a revolução de 1964 num rasgo da consciência nacional. Quem for justo ha de creditar ao Ato Adicional de 1961 não apenas a eficácia instantânea na dissolução da gravíssima crise, mais ainda o ano e meio de paz. Ordem e concórdia até o desastroso plebiscito do fim de 1962, fruto daquelas pressões ostensivas, cujos autores, pouco mais de 14 meses após, pagaram caro por este crime.[99]

Durante o curto regime parlamentarista brasileiro, houve três Conselhos de Ministros. O Gabinete Tancredo Neves, de disposição moderada, e que havia sido um dos articuladores da emenda parlamentarista, renunciou em junho de 1962, levando Goulart a indicar San Thiago Dantas para formar o novo gabinete, tendo o seu nome rejeitado pela aliança UDN-PSD. O presidente indicou o nome de Auro de Moura Andrade, que foi homologado pelo Congresso. No mesmo dia, renunciou devido à recusa de Goulart a aprovar seu gabinete ministerial. Após o impasse para a indicação do primeiro-ministro, Brochado da Rocha foi indicado e teve seu nome aprovado pelo Congresso. Seu ministério era presidido por personalidades de prestígio social, porém não muito atuantes na política partidária. Goulart tinha como objetivo principal antecipar o plebiscito sobre a volta ou não do presidencialismo para 1963 (o plebiscito estava originalmente marcado para 1965).

---

[99] Arquivo Aliomar Baleeiro. Dossiê AB pi Baleeiro, A. 1965.00.00.

Uma maioria parlamentar, representada pela UDN, pelo PSP e por uma parte do PSD, pretendia evitar a liquidação prematura do parlamentarismo. Dentro da UDN, havia uma divisão quanto aos favoráveis ou não à volta do presidencialismo. A maioria dos parlamentares defendia a manutenção do parlamentarismo enquanto governadores de alguns estados se opunham. Brochado da Rocha enviou ao Congresso por duas vezes um pedido de fixação da data do plebiscito, juntamente com uma solicitação de delegação de poderes ao governo. A segunda negativa dos parlamentares potencializou as divergências entre o Legislativo e o Executivo e propiciou a renúncia de todo o gabinete. No dia seguinte, o Comando-Geral dos Trabalhadores (CGT) deflagrou uma greve geral, previamente agendada. No mesmo dia, diante da perspectiva de uma crise ampla em torno da negativa à fixação da data do plebiscito, o Congresso aprova um projeto de lei complementar autorizando a realização deste no dia 6 de janeiro de 1963. A UDN acaba cedendo às pressões e vota a favor do projeto. Após a renúncia do Gabinete Brochado da Rocha, Hermes Lima é indicado para substituí-lo. Esse Gabinete governou somente até o plebiscito em janeiro do ano seguinte, porém teve importância considerável por liderar o governo durante as eleições parlamentares de 1962 e a campanha do plebiscito.

4. Das eleições legislativas de 1962

Ainda sob o regime parlamentarista, foram realizadas as eleições legislativas de 1962. O conturbado quadro político brasileiro foi refletido em seus resultados. As eleições foram marcadas pela forte presença de organismos extrapartidários ao longo da campanha. Dreifuss constrói a partir disso uma rede de relações resultante da liderança política do complexo Ipes/Ibad, que contava com elementos civis e militares em seus quadros. Sua proposta é desenvolvida em torno da formação desse complexo, caracterizado como o resultado do esforço de uma elite orgânica, resultante das demandas do poder multinacional e associado, de buscar um espaço político inexistente para esta classe que possuía grande poderio econômico. Nos quadros desse complexo, estavam civis e militares (os últimos representados em grande número por oficiais provenientes da ESG) que investiram contra o governo nacional-reformista por meio de uma elite orgânica produzida pelas classes dominantes. A perspectiva de Dreifuss demonstra como houve uma efetiva ação ideológica dos intelectuais orgânicos de interesses multinacionais e associados em minar o campo de atuação do presidente e do bloco de poder nacional-reformista. Em seu livro, vai discorrer sobre toda a campanha desse complexo, porém o que nos interessa no presente capítulo é demonstrar como a rede de relações entre civis e militares vinha sendo acentuada nos anos de 1962 e 1963, imediatamente antes do golpe de 1964.

Sua ação política no Congresso era dada por meio da Ação Democrática Parlamentar – ADP. Esta era formada por um:

> [...] bloco multipartidário, de senadores e deputados federais conservadores e reacionários, na maior parte da UDN e do PSD, e organizados através de uma rede, em todo o país, de grupos de Ação Democrática Popular – ADEP e que tinha até mesmo congêneres em muitos legislativos estaduais e municipais.[100]

Esse grupo permitia a ação parlamentar da elite do bloco multinacional e associado na política nacional. Dreifuss considera a influência do complexo nas eleições de 1962:

> [...] como a mais abrangente operação jamais empreendida pela elite orgânica no campo de ação eleitoral, operação esta que envolvia todos os recursos do complexo IPES/IBAD e organizações paralelas, foi a intervenção simultaneamente encoberta e pública nas eleições de outubro de 1962. Nessas eleições, a elite orgânica alcançou algumas de suas mais significativas vitórias, bem como algumas fragorosas derrotas.[101]

---

[100] DREIFUSS, 2006, p. 339.

[101] *Ibidem*, p. 343.

O pleito de 1962 tem extrema importância para a compreensão da conjuntura política brasileira. A representação no Congresso era vista como o canal legal essencial para a oposição a João Goulart, pois decidiria se este teria apoio político-institucional em seu governo. Além disso, assegurava à elite orgânica a possibilidade de reter as pretensões do bloco nacional-reformista no Executivo "durante o tempo necessário para possibilitar-lhe desenvolver sua campanha até que as Forças Armadas e a atmosfera política conduzissem a medidas mais drásticas"[102]. O complexo Ipes/Ibad patrocinou candidatos, formulando seus programas eleitorais em troca de financiamento de campanha. Esse patrocínio não foi feito por meio de vínculos partidários, mas sim pela orientação ideológica dos candidatos. Estes tinham de assinar um compromisso ideológico prometendo lealdade ao Ibad acima da lealdade a seu partido.[103] Além da influência nacional, houve uma campanha de financiamento proporcionada pela Divisão Ocidental da CIA, onde houve distribuição de recursos a candidatos anticomunistas.

Com esses dados, podemos observar que as eleições de 1962 no Brasil não se resumem a números, como muitos autores propõem[104], considerando somente o resultado da eleição. Tais interpretações reduzem o resultado do pleito de 1962 à estabilidade da UDN, por ter praticamente mantido o número de cadeiras nas casas legislativas e nos governos de estado. Destacam também a superioridade do PTB em números de cadeiras, ressaltando, porém, a união PSD-UDN formando maioria no Congresso.

Para a nossa análise, a interpretação das eleições de 1962 possui um interessante conteúdo conjuntural, pois demonstra a consolidação do aparato empresarial-militar anti-Goulart que vinha

---

[102] *Ibidem*, p. 343

[103] DREIFUSS, 2006.

[104] A análise de Dreifuss dá conta de aspectos políticos, econômicos e sociais do processo eleitoral de 1962 enquanto os outros livros estudados relatam somente os resultados, declarando a UDN como partido estável. Para essas análises, ver ARÊAS, João Braga. **Conservadores em ação**: a UDN entre 1961 e 1965. 2005. Dissertação (Mestrado em História) – UFF, Niterói, 2005; BENEVIDES, 1981; DULCI, 1986.

se formando. Em lista citada por Dreifuss[105], vemos a presença de Aliomar Baleeiro, então candidato a deputado federal pela Guanabara (e posteriormente eleito), como beneficiário do apoio financeiro da elite orgânica e receptor de assistência técnica e administrativa, estabelecendo a ação política coordenada antes e depois das eleições. Além dele encontramos nomes como Juracy Magalhães, Carlos Lacerda, Juarez Távora, Herbert Levy (presidente da UDN) e Ranieri Mazzili (presidente da Câmara dos Deputados), dentre outros. Esse elemento serve para embasar a nossa hipótese de que Aliomar Baleeiro participava desse processo como representante dessa elite orgânica.

Dentre os resultados negativos para a elite orgânica — que uniu a centro-direita do país —, podemos destacar a derrota em São Paulo, com a eleição de Ademar de Barros pelo PSP com apoio do PRP e do PSD; a eleição de Leonel Brizola pelo PTB para deputado federal pela Guanabara; Eloy Dutra, da coligação PTB e PSB para vice do mesmo estado, podendo controlar de perto a atuação de Lacerda. O equilíbrio político ainda oscilava a favor das forças nacional-reformistas. O quadro a seguir demonstra como os três maiores partidos brasileiros decaíram em porcentagem de votos, entre 1945 e 1962, em relação às alianças partidárias.

Quadro 1 – Porcentagem de votos (1945-1962)

	% de votos obtidos pelo PSD	% de votos obtidos pela UDN	% de votos obtidos pelo PTB
1945	42,3	26,3	10,1
1954	22,0	13,6	14,9
1962	15,6	11,2	12,1

Fonte: Dreifuss[106]

---

[105] DREIFUSS, *op. cit.*, p. 353.
[106] DREIFUSS, 2006, p. 151.

Em 1945, os três maiores partidos haviam obtido juntos 78,7% dos votos, enquanto em 1962 somaram 38,9% e as alianças partidárias 41%. Aumentou também o número de votos brancos de 4,8% em 1954, para 15% em 1962. Isso possibilita entender a fragmentação político-partidária que vinha ocorrendo, consolidando a influência de elementos extrapartidários como o complexo Ipes/Ibad na política nacional.

O que nos interessa nesses números e resultados do pleito de 1962 é entender o esforço da elite orgânica para angariar espaço por meio do mecanismo legal das eleições. A frustração com o resultado tendente ao bloco nacional-reformista contribuiu enormemente para a adoção da solução golpista.

5. Do elemento militar: a Cruzada Democrática

Para compreender a rede de relações entre civis e militares que vinha sendo construída, destacamos a formação e a atuação da Cruzada Democrática dentro do Clube Militar. Por meio das eleições do Clube e das correntes de pensamento nele inseridas, podemos analisar com mais clareza as opções políticas residentes no meio militar. O Clube é uma associação civil, fundada em 1887[107], compondo o único foro comum ao Exército, à Marinha e à Aeronáutica. Atua como uma associação de classe onde o favor hierárquico não pesa[108]. Por isso é considerado como um foro legítimo de discussões políticas realizadas por militares, impedidos de fazê-las na caserna devido às determinações dos códigos disciplinares das Forças Armadas. A história do Clube Militar interage perfeitamente com as questões discutidas nos meios civis no processo político brasileiro. Para a nossa análise, é interessante destacar a atuação da instituição após o fim do Estado Novo, principalmente por meio das eleições para sua diretoria, realizadas de dois em dois anos. Esse período foi marcado por uma predominância das correntes nacionalistas em sua presidência até 1952, ano de formação da Cruzada Democrática.

---

[107] LAMARÃO, Sérgio; MONATALVÃO, Sérgio. Clube Militar. *In:* ABREU, 2001. 5v. p. 1383- 1389.

[108] SODRÉ, Nelson Werneck. **História Militar do Brasil**. Rio de Janeiro: Civilização Brasileira, 1965.

Esse movimento, composto por militares conservadores, foi formado com o objetivo de conquistar as eleições desse ano do Clube, visando fazer frente ao grupo nacionalista apoiado pelo presidente Getúlio Vargas. Após uma conturbada campanha, repleta de contestações e acusações de fraude e sabotagem, os membros da Cruzada Democrática assumem a presidência do Clube para o biênio 1952-1954. Com isso, a posição eminentemente política de sua diretoria ia ao encontro da oposição udenista desencadeada no Congresso pela deposição do presidente Getúlio Vargas. A ala nacionalista reassume a frente da diretoria do Clube nas eleições de 1954, permanecendo nesta até o ano de 1962.

Este breve resumo nos dá base para pensar como o meio militar estava reagindo e atuando frente aos acontecimentos e nos mostra como efetivamente havia uma divisão no interior das Forças Armadas, calcada e fundamentada por perspectivas eminentemente políticas. A formação da Cruzada Democrática e sua identificação com as concepções da UDN nos interessa especialmente, na medida em que demonstra a formação da rede empresarial-militar acentuada em 1964.

Seus membros atuarão na linha de frente dos momentos de crise do governo nacional-reformista de João Goulart. Alguns dos oficiais de destaque da Cruzada eram os Generais Jurandir Mamede, Golbery do Couto e Silva, Sizeno Sarmento, Ademar de Queiroz, Ernesto Geisel, Orlando Geisel e Humberto de Alencar Castello Branco. Nessa pequena lista, encontramos nomes de dois presidentes da República indicados pelo regime militar implementado a partir de 1964. Aliomar Baleeiro possuía ligação com grande parte desses militares, em especial com o general Castello Branco.

Nas eleições de 1962, a Cruzada Democrática volta à diretoria do Clube Militar com o general Augusto Magessi. Sua campanha obteve financiamento do complexo Ipes/Ibad e levou o grupo militar representante da intelectualidade orgânica do bloco multinacional e associado ao poder no mais significativo foro de discussão política militar. A chapa derrotada, encabeçada pelo general Peri Bevilaqua, representava a corrente nacionalista. Esta volta no ano de 1962 — o mesmo das eleições legislativas. Em meio à crise do governo João Goulart, possui grande importância na construção da "congruência orgânica" empresarial-militar. Além do Clube Militar, outra instituição fundada pelas Forças Armadas tem grande importância no desenvolvimento do movimento empresarial-militar de 1964.

6. Da influência ideológica: a Doutrina de Guerra Revolucionária

O anticomunismo, em sua feição civil[109], ganha diferentes características e especificidades de acordo com o contexto histórico no qual se insere. A historiografia do conceito no Brasil vem trabalhando com a perspectiva de "ondas", momentos, espaços históricos definidos por início, meio e fim para elucidar o que seria o "fenômeno" anticomunista, esporadicamente reativado por meio de ondas reacionárias em momentos conjunturais.[110] O anticomunismo é composto por nuances e dinâmicas presentes ao longo de toda sua existência, na longa duração histórica[111], ganhando protagonismo de tempos em tempos. Perpassa de maneira estrutural a dinâmica política brasileira e tem raízes profundas na longa duração de nossa história. Suas características, os grupos nos quais se apoia, a amplitude e o impacto da absorção de suas perspectivas são as mudanças cabíveis em nossa análise.

Para tal, trazemos para o debate o exemplo de uma dessas conjunturas em que o anticomunismo é alçado a protagonista de um processo histórico, sem quem ele tenha sido "abandonado", deixado de lado, aguardando adormecido a próxima onda. Representado por setores da intelectualidade orgânica brasileira nos anos 1960, foi capilarmente penetrando diferentes setores da sociedade civil com o objetivo de alçar os mais altos postos da sociedade política do

---

[109] Nosso objetivo neste capítulo é fornecer elementos para compreensão da feição civil da anticomunista Doutrina de Guerra Revolucionária francesa e sua ligação com o golpe empresarial-militar de 1964.

[110] Tratamos sobre o debate que envolve o conceito na Introdução deste livro.

[111] Na perspectiva braudeliana, utilizamos o conceito de longa duração para compreender a dinâmica mais ampla da construção do conceito de anticomunismo, remetendo o debate ao menos a 1917 com o advento da Revolução Russa e a efetiva existência do "inimigo" comunista.

país. A configuração dessa elite orgânica, representada no Congresso Nacional por políticos que compunham em grande parte a base da União Democrática Nacional (UDN), e a aproximação desses grupos aos militares esguianos[112] são elementos de suma importância para a compreensão da dinâmica desembocada no golpe empresarial--militar de 1964[113]. Para demonstrar o aumento da congruência de ideias, presente na caserna ao menos desde 1957, trazemos para o debate a Doutrina de Guerra Revolucionária (DGR) francesa, que combinava o ideário anticomunista estrutural com a prática de guerra insurrecional e o combate ao inimigo interno. Importada da França, adaptou-se bastante à realidade brasileira.

A definição da Doutrina de Guerra Revolucionária sofreu algumas modificações ao longo dos anos nos estudos esguianos. As conferências do General Fragoso foram as primeiras a fornecer definições efetivamente dentro do Exército. Até 1971 a ESG não tinha um conceito próprio para a guerra revolucionária. O conceito proposto pelo Estado-Maior das Forças Armadas (EMFA) que a ESG adotou nos anos seguintes, transcritos pela conferência que estudou os "Aspectos Gerais da Guerra" em 1963, interessa-nos em maior grau devido à situação imediatamente anterior ao golpe de 1964 e à adoção de sua concepção no meio civil, sendo ela:

> Guerra Revolucionária é **a guerra interna, de concepção marxista-leninista e de possível adoção por movimentos revolucionários diversos** que — apoiados em uma ideologia, estimulados e, até mesmo, auxiliados do exterior — visam à conquista do poder através do controle progressivo, físico e espiritual, da população sobre que é desencadeada, desenvolvendo-se segundo um processo determi-

---

[112] Militares que passaram por cursos de formação na Escola Superior de Guerra (ESG).

[113] Adotamos a nomenclatura empresarial-militar para o golpe de 1964 e para o regime então implementado entendendo que ambas as parcelas foram protagonistas e líderes do processo de queda do regime político vigente, por meio de um golpe de classe. No entanto entendemos que outros setores civis tiveram ativa participação no processo, formando o que vamos chamar aqui de rede civil-militar. Para maiores detalhes sobre o conceito e a nomenclatura adotada, ver SPOHR, 2020b; LEMOS, 2014.

nado, com a ajuda de técnicas particulares e da parcela da população assim subvertida.[114]

Essa guerra revolucionária proposta pelo meio militar seria dividida em cinco fases. O primeiro a propor essa divisão foi o general Fragoso, adaptando as concepções desenvolvidas pelo coronel J. Hogard, do Exército francês. Resumidamente são elas:

I. Entrada em ação de uma infra-estrutura clandestina

II. Ampliação desta organização

III. Utilização da violência sistemática

IV. Criação de zonas liberadas

V. Ofensiva Geral.[115]

Esse esquema possui grande relevância para o nosso estudo. Para entendermos como as propostas sobre o desenvolvimento da Doutrina de Guerra Revolucionária ganharam amplo apoio de civis, principalmente de membros da União Democrática Nacional, destacamos a "congruência orgânica" entre civis e militares que se uniram em prol de um mesmo projeto de tomada de poder. Este breve histórico das origens e do desenvolvimento da doutrina de guerra revolucionária fundamenta nossa análise acerca da relação entre tais estudos e sua influência no pensamento político brasileiro, por meio da rede de relações formadas por Aliomar Baleeiro, Bilac Pinto e Castello Branco.

A crise dos anos 1960 foi configurada a partir da convergência dos pensamentos desenvolvidos pelos meios civis e militares por meio de foros legítimos de discussão política como o Congresso Nacional e o Clube Militar. Ao longo das interpretações acerca dessa convergência, percebemos a influência externa evidenciada

---

[114] ARRUDA, Antônio. **ESG**: a história de sua doutrina. São Paulo: GRD; Brasília: INL, 1980. p. 248, grifo nosso.

[115] *Ibidem.*

pelo apoio financeiro do capital multinacional e associado, permitindo uma aproximação de grupos políticos em prol de um mesmo objetivo: unir o poder econômico à necessidade de poder político do capital multinacional e associado, por meio da representação conservadora nos três poderes da República. A tentativa de chegar a esse objetivo por meio do canal legal foi impossibilitada. Após o resultado das eleições legislativas de 1962 e da vitória de Goulart com a volta do presidencialismo em janeiro de 1963, o caminho para a subida dessa elite orgânica ao poder ganhou contornos cada vez mais tortuosos, resultando num bem articulado golpe de classe.

Nesse contexto, alguns correligionários aparecem como parceiros e articuladores dos bastidores dessa tradução de linguagem. Era preciso união de setores civis, aliados a agentes da caserna, para que a DGR fosse amplamente conhecida e reconhecida. A congruência orgânica de seus representantes pode ser exemplificada pelo relacionamento de três protagonistas do processo de crise enfrentada pelo Brasil nos anos 1960. Aliomar Baleeiro, Bilac Pinto e Castello Branco serão os escolhidos para o recorte de nossa análise. A tríade escolhida e sua aproximação até os últimos dias de março de 1964 demonstram o movimento da DGR no meio civil.

É recente a historiografia sobre a DGR no Brasil. Os textos mais robustos e analíticos sobre a entrada da DGR no Exército e sua influência na caserna remontam aos estudos de João Roberto Martins Filho[116] e Rodrigo Nabuco de Araújo[117]. O cerne da questão é

---

[116] MARTINS FILHO, João Roberto. A influência doutrinária francesa sobre os militares brasileiros nos anos de 1960. **Revista Brasileira de Ciências Sociais**, v. 23, n. 67, jun. 2008; MARTINS FILHO, João Roberto. Tortura e ideologia: os militares brasileiros e a doutrina de guerre revolutionnaire (1959-1974). *In:* SANTOS, Cecília MacDowell; TELES, Edson; TELES, Janaína de Almeida. (org.). Desarquivando a ditadura: memória e justiça no Brasil. São Paulo: Aderaldo & Rothschild Editores, 2009; MARTINS FILHO, João Roberto. **A educação dos golpistas**: cultura militar, influência francesa e golpe de 1964. Apresentado no Congresso "The cultures of dictatorship", na University of Maryland, Estados Unidos, 2004.

[117] ARAÚJO, Rodrigo Nabuco de. A influência francesa dentro do Exército brasileiro (1930-1964): declínio ou permanência? **Revista Esboços**, v. 15, n. 20, 2008; ARAÚJO, Rodrigo Nabuco de. Guerra revolucionária: afinidades eletivas entre oficiais brasileiros e a ideologia francesa (1957 – 1972). *In:* D'ARAÚJO, **Maria Celina**; SOARES, **Samuel Alves**; MATHIAS, **Suzeley Kalil** (org.). **Defesa, Segurança Internacional e Forças Armadas (I Encontro da ABED)**. Campinas: Mercado de Letras, 2008. p. 189-204; ARAÚJO, Rodrigo Nabuco de. **Conquête des espirits et le commerce des armes**: La diploma- tie militaire française au Brésil, 1945-1974. 2011. Tese (Doutorado em História) – Université de Toulouse 2, Le Mirail, Toulouse (Fr), 2011.

o debate entre a importância e a influência da DGR frente à Doutrina de Segurança Nacional (DSN), conhecida e amplamente estudada. Renato Lemos (2012), em livro não exclusivamente dedicados ao tema, atualiza alguns pontos e inflexões importantes.[118]

João Roberto Martins Filho e Rodrigo Nabuco de Araújo compreendem que, junto com a influência norte-americana, e muitas vezes mais forte do que esta, estava a influência das ideias francesas acerca da Doutrina de Guerra Revolucionária. Essas considerações destacam a necessidade das Forças Armadas brasileiras na busca por uma doutrina mais adequada às suas condições de país periférico.

Martins Filho traça o histórico do desenvolvimento da Doutrina de Guerra Revolucionária dentro das Forças Armadas brasileiras, relacionando-a com a Doutrina de Segurança Nacional. Rodrigo Nabuco de Araújo[119] analisa as relações internacionais do Brasil entre 1957 e 1972, focando na influência francófona dentro do Exército brasileiro e na adaptação de seu modelo militar nas nossas Forças Armadas. Atualizou suas questões avançando nos estudos relacionados aos adidos militares franceses no Brasil com indicações bastante importantes para a compreensão do fenômeno da DGR e sua importância na fundamentação do discurso anticomunista.

Araújo e Martins Filho ressaltam a importância de analisar as especificidades nacionais dos processos de construção do golpismo pelo lado militar. Para eles, os militares brasileiros estavam em busca de embasamento doutrinário adaptável à realidade nacional visto que a contribuição "intelectual" norte-americana não correspondia às suas reais necessidades de guerra. Essa busca levou à mudança no pensamento da caserna, possibilitando a criação de sua própria ideologia.

---

[118] Podemos citar também os trabalhos SANTOS, Luciano Felipe dos. **Paul Aussaresses**: um general francês na ditadura brasileira (um estudo de caso). 2012. Dissertação (Mestrado em História Social) – Universidade de São Paulo, 2012; GONÇALVES, Daniel Accioly. **A influência doutrinária francesa no pensamento do exército brasileiro (1955 – 1961)**. 2013. Dissertação (Mestrado em História Social) – Universidade Federal do Rio de Janeiro, Rio de Janeiro, 2013. Ambos realizam debates bastante interessantes, mas não trazem elementos diretamente novos ao debate sobre a Doutrina de Guerra Revolucionária, nem no meio civil nem na caserna.

[119] ARAÚJO, 2008.

Para Martins Filho, a entrada da DGR francesa no Brasil foi possibilitada mormente pelo anticomunismo militar típico da Guerra Fria. A aproximação de franceses, argentinos[120] e brasileiros foi "um ethos anticomunista comum"[121]. A Doutrina de Segurança Nacional, importada dos Estados Unidos, não dava conta da luta antinsurrecional, pauta primordial para os países periféricos.

Para Araújo, a concorrência entre o ideário francês e o norte-americano promoveu progressiva coexistência e divisão tácita de competências. Para ele: "A França tinha dificuldades em oferecer as mesmas oportunidades de compra ao Brasil e os Estados Unidos não ofereceriam uma doutrina de guerra apropriada ao teatro de operações brasileiro."[122] Segundo ele, os militares franceses buscavam entrar no Brasil nas "brechas" deixadas pelos Estados Unidos. A DGR configurar-se-ia como a forma de fazer concorrência ideológica aos Estados Unidos. "O que a doutrina de guerra revolucionária oferece de inovador está então relacionada à representação da função dos militares na afirmação de um projeto político coerente."[123]

Segundo Martins Filho, a entrada da doutrina francesa no país é marcada pela conferência do coronel Augusto Fragoso sobre guerra revolucionária em 1959, na Escola Superior de Guerra. Nesse momento o novo tipo de guerra, a insurrecional, torna-se protagonista das preocupações dos militares brasileiros em detrimento da guerra nuclear total, até então pauta principal de seus estudos. A palestra não significou, necessariamente, o início de uma mudança doutrinária importante. Teve, porém, consequências institucionais. Lemos atualiza essa temporalidade indicando que a perspectiva e o entendimento da DGR estavam presentes desde ao menos 1957 nas Forças Armadas brasileiras.

> Segundo o *Jornal do Brasil*, em matéria assinada pelo jornalista Newton Carlos, o Curso de Operações

---

[120] A Doutrina de Guerra Revolucionária teve grande entrada na Argentina, antes mesmo do que no Brasil. Para maiores informações, ver MARTINS FILHO, 2008.

[121] MARTINS FILHO, 2008, p. 180.

[122] ARAÚJO, *op. cit.*, p. 261.

[123] *Ibidem*, p. 263.

Especiais do Exército vinha, desde 1957, treinando homens em ações contrarrevolucionárias. O jornalista informava, também, que o Estado-Maior da Marinha brasileira publicara, em 1958, um trabalho para consulta interna intitulado *Alguns estudos sobre a guerra revolucionária*, e, em fins desse ano, o Seminário de Guerra Moderna organizado pela Escola de Comando e Estado-Maior do Exército (ECEME) concluíra que era necessário inserir o tema no currículo regular da instituição.

Porém a aula do coronel Fragoso vai resultar na criação, quatro meses depois, de uma comissão para estudar a programação e a coordenação da instrução sobre guerra moderna, culminando no documento de 1961, redigido por Cordeiro de Farias, no Estado Maior das Forças Armadas (EMFA). A partir desse documento, baseado em autores franceses e americanos, o EMFA passou a ter uma definição própria de guerra revolucionária.

A divulgação da doutrina aparecia nas publicações militares nacionais, ganhando edições especiais nos anos de 1960 e 1961 no Mensário. A publicação desses textos visava não só divulgar a doutrina como configuravam um exercício da ação psicológica, objetivando preparar as próprias Forças Armadas. Esse era o espírito do estágio sobre guerra revolucionária oferecido pelo Estado Maior do Exército, que contou com cerca de 90 oficiais, sendo a maioria do Exército. O estágio foi repetido em 1963, com audiência ampliada e com participação de professores de filosofia civis. O conteúdo dos estágios foi publicado em periódicos de circulação interna às Forças Armadas para os Estados-Maiores Regionais, ampliando a chegada dos estudos sobre a doutrina para bases nacionais. Martins Filho destaca um trecho da entrevista do general Octavio Costa onde ele afirma que os militares estavam perdidos, sem referência ideológica, contribuindo assim para a formulação de uma doutrina de guerra revolucionária brasileira.[124]

---

[124] MARTINS FILHO, 2008, p. 41.

Buscando entender o contexto de elaboração e difusão da doutrina, Araújo empreende uma análise das relações militares franco-brasileiras, compreendendo a lógica e a motivação dos adidos militares franceses no Brasil, indicando elementos que contribuíram para a adaptação da DGR dentro do Exército brasileiro. Segundo Araújo, entre os anos de 1958 e 1964 houve uma efetiva aproximação militar entre França e Brasil. Os dois adidos enviados para o país entre os anos de 1955 e 1961 fizeram parte do corpo de oficiais na Indochina, sendo assim porta-vozes da doutrina francesa. A guerra revolucionária estava no centro de seu pensamento militar e operacional. Um dos pressupostos fundamentais da doutrina francesa era a ideia de que "[...] se o controle das informações é o elemento decisivo da guerra revolucionária, seria impossível combater esse tipo de inimigo sem um comando político-militar unificado. Assim, essa doutrina entra no campo das relações civis-militares"[125].

A entrada da doutrina no campo civil é cada vez mais evidente nos anos que antecederam o golpe empresarial-militar de 1964. Lemos[126] nos traz preciosas informações sobre a penetração desse ideário na Crise da Legalidade em 1961, mostrando como a doutrina militar, fundamentada no anticomunismo, angariava novos adeptos em sua defesa. A exemplo disso, mostra como Carlos Lacerda golpista assumido, passou a defender a existência efetiva da guerra revolucionária comunista no Brasil a partir de suas etapas, balizando o debate cada vez mais inerente aos setores civis golpistas.

Para Araújo e Martins Filho, a doutrina funcionava como um atrativo para os oficiais em busca de uma missão para seus Exércitos no apogeu da Guerra Fria. O esquema francês era genérico o suficiente para permitir que os Exércitos definissem seus inimigos. A doutrina extraía do seu nome o fenômeno que visava combater — a guerra revolucionária. O recurso às armas se dava no final, e não no começo da guerra.

---

[125] *Ibidem.*
[126] LEMOS, 2018.

A partir de 1961, começam a circular livros e panfletos publicados para o público civil reproduzindo quase literalmente os estudos da caserna. Martins Filho destaca o *Livro Branco sobre a guerra revolucionária do Brasil* como um dos marcos da entrada desse ideário no meio civil: "O fundamental nesse sentido é o trânsito das ideias de dentro para fora das Forças Armadas, o que contraria as teses até hoje muito influentes que enfatizam a dependência intelectual e política dos oficiais e conservadores em relação aos seus aliados civis."[127] A preparação para a guerra antissubversiva superaria as atribuições das Forças Armadas. E por essa razão precisava extrapolar os limites militares e buscar apoio no meio civil.

Lemos atualiza a interpretação do conceito adicionando o caráter contrarrevolucionário da doutrina. Em que pese a nossa interpretação acerca dos processos históricos ocorridos ao longo dos anos 1960, soa como a melhor maneira de levar adiante o uso do conceito.

> A convicção de que a única forma de combater esse tipo de guerra era incorporar e adotar seus próprios métodos provocou um "efeito espelho", que se expressa no fato de a expressão "doutrina de guerra revolucionária" se referir tanto à versão revolucionária quanto a contrarrevolucionária daquele tipo de guerra. A identificação se estende às táticas adotadas pelos contrarrevolucionários. No caso de a guerra revolucionária chegar à fase militar, os defensores da ordem deveriam adotar métodos atribuídos aos subversivos, principalmente os de convencimento e "terror psicológico".[128]

A característica intrínseca à doutrina era sua faceta anticomunista. É interessante observar a origem contrarrevolucionária do fenômeno em razão de o cerne estar no combate, estar no inimigo que lhe deu o nome. Sendo assim, a DGR é uma doutrina, formulada inicialmente pelo Exército francês, de combate à guerra revolucio-

---

[127] MARTINS FILHO, *op. cit.*, p. 46.
[128] LEMOS, 2018, p. 39.

nária (de base comunista efetivamente, como a Rússia e a China, ou apenas com intenções e características que se aproximaram, no máximo, a um programa com características nacionalistas ou com intenções reformistas em sua base econômica, como no caso brasileiro), buscando evitar preventivamente seu curso. Era preciso traduzir a linguagem dos documentos provenientes da caserna para o público em geral. Isso teria sido feito primeiro no início de 1964, com os discursos do então deputado Bilac Pinto, presidente da União Democrática Nacional (UDN) no Congresso Nacional. O seu pronunciamento, em janeiro de 1964, inseriu diretamente a guerra revolucionária no processo do golpe.

Mario Pedrosa[129], num estudo escrito em 1966, discute as origens e definições da guerra revolucionária no mundo e no Brasil, tentando demonstrar as distorções e adaptações do discurso político-ideológico que envolve tais perspectivas. Martins Filho destaca a coincidência entre o nome e o assunto da doutrina dizendo que: "Trata-se, assim, de uma doutrina que extrai seu nome do fenômeno que visa combater — a *guerra revolucionária* [...] Esse efeito de espelho é uma das características mais particulares da doutrina francesa."[130]

---

[129] Mario Pedrosa era jornalista e militante de esquerda. Ingressou no Partido Comunista do Brasil (PCB) em 1926. Em viagem à Alemanha, militou junto ao Partido Comunista local, ficando na Europa entre os anos de 1927 e 1928. Participou do movimento dissidente do PCB, o Grupo Bolchevique Lênin, que fundou o jornal *A Luta de Classe* em 1930. Foi um dos fundadores da Liga Comunista Internacional (LCI) e da editora *Unitas*, criada para editar textos marxistas. Após o Levante Comunista em 1935, passou a clandestinidade. Fundou em 1936 o Partido Operário Leninista (POL). Após o golpe do Estado Novo, seguiu para o exílio na Europa, participando do movimento comunista internacional. Tentou voltar clandestinamente ao Brasil em 1941 sendo preso imediatamente e voltando para o exílio agora nos Estados Unidos. Voltou definitivamente em 1945 participando da criação da União Socialista Popular (USP), que se aproximou da União Democrática Nacional (UDN), partido fundado de maneira bastante heterogênea. Continuou no jornalismo e iniciou carreira acadêmica nas artes plásticas. Em 1964 começou a elaborar os livros *A opção imperialista* e *A opção brasileira*, publicados em 1966. Exilou-se em 1970 no Chile por ser acusado de difamação contra o governo militar. Voltou ao país em 1977 com autorização das autoridades militares e foi absolvido em seu processo. Trabalhou na fundação do Partido dos Trabalhadores (PT). Faleceu em novembro de 1981. Fonte: ABREU, Alzira Alves de (coord.). **Dicionário Histórico-Biográfico Brasileiro pós-1930**. Rio de Janeiro: Editora FGV, 2001. 5v. p. 4484-4488.

[130] MARTINS FILHO, 2004, p. 10.

Tratando da guerra revolucionária comunista chinesa, liderada por Mao Tsé-Tung, Pedrosa relata que esta para ser vitoriosa tem de ser nacional, sendo:

> [...] um movimento separado dé um grupo de guerrilheiros e partidários desesperados, revoltados, desarmados, ou que se armam com o que podem, foice ou facão – armas de homens que vivem na terra — movimento que cresce porque seus participantes são protegidos pelo povo que os cerca, os alimenta, os abriga.[131]

Para ele Mao Tsé-Tung venceu a guerra revolucionária na China devido às estratégias nacionais por ele acertadas, e não por meio da influência direta de Moscou ou de algum manual sobre a guerra revolucionária. Defende que: "O comunismo chinês é um produto autêntico, organicamente chinês: ninguém o inventou e muito menos as cartilhas redigidas em Moscou ou em algum outro centro secreto dos donos do comunismo. Foi produto da revolução chinesa."[132]

Partindo das ideias desenvolvidas por Mario Pedrosa, podemos perceber uma concepção de guerra revolucionária e o desenvolvimento etapista proposto por seus analistas partindo de países eminentemente anticomunistas. A construção de uma Doutrina de Guerra Revolucionária tal como foi estudada na França e no Brasil não partiu dos países onde esse tipo de guerra efetivamente aconteceu — como no caso da China. Como Pedrosa destaca, não havia um manual que doutrinasse os movimentos comunistas a agir tal como os estudos franceses e brasileiros sobre o tema propõem.

A origem dessas concepções possui um teor altamente contrarrevolucionário, demonstrado principalmente pela necessidade de atrelar esse tipo de guerra a uma concepção eminentemente ideológica, a fim de proporcionar um embasamento teórico para o combate ao comunismo, independentemente de sua real existência

---

[131] PEDROSA, Mario. **A opção brasileira**. Rio de Janeiro: Civilização Brasileira, 1966. p. 79.

[132] *Ibidem*, p. 82.

como grupo organizado. A doutrina desenvolvida na França por conta da guerra na Argélia foi uma tentativa de explicar o fracasso do Exército francês, construindo uma doutrina de guerra revolucionária e em sequência as maneiras pelas quais esta deve ser combatida. É nessa linha que os estudos da Escola Superior de Guerra brasileira e as acusações ao governo de João Goulart são conduzidos, com o objetivo de combater a guerra revolucionária que estaria em curso no país.

Dentro da conjuntura de crise orgânica o delineamento do potencial inimigo serve de constructo para a configuração do ambiente contrarrevolucionário preventivo do golpe. Os elementos trazidos neste capítulo têm por objetivo circundar o ambiente conjuntural — e as características que envolviam a formação de protagonistas e coadjuvantes do golpe empresarial-militar de 1964 — e sua base ideológica. A DGR teve forte influência nos desdobramentos subsequentes da crise orgânica, ganhando adeptos no meio civil e militar e se tornando, junto à DSN, a base da retórica anticomunista da elite orgânica.

Capítulo 2

1. Da articulação de classe da elite orgânica: Bilac Pinto e as teses de Guerra Revolucionária

As bases ideológicas anticomunistas da retórica contrarrevolucionária do período tiveram como grande divulgador Bilac Pinto. O resumo de sua trajetória nos dá importantes elementos para considerá-lo um dos principais intelectuais orgânicos representante das forças golpistas. Mais uma vez, é importante destacar nosso objetivo maior com a análise deste estudo de caso. Ao destacar alguns personagens da elite orgânica representante dos interesses do capital multinacional e associado neste estudo, reiteramos que estamos tratando da disputa, da luta de classes, ou seja, buscamos compreender as relações sociais de força em tela nos anos imediatamente anteriores à conquista do Estado. Vejamos como esses representantes, especialmente Bilac Pinto, deputado, parte da sociedade política, contribuíram com a construção da retórica contrarrevolucionária preventiva. Pensando, sempre, na perspectiva relacional da conjuntura e no elemento unificador de classe: a defesa dos interesses de parcela da sociedade civil em ocupar o Estado, por meio de um golpe de classe.

2. Do personagem: Bilac Pinto em breves linhas

Olavo Bilac Pereira Pinto nasceu em Santa Rita de Sapucaí em 1908. Bacharelou-se em Direito pela Universidade de Minas Gerais em 1929. Participou da campanha da Aliança Liberal em 1929-1930, filiando-se ao Partido Republicano Mineiro (PRM). Após a Revolução de 1930, apoiou a Revolução Constitucionalista de 1932, passando para a oposição. Ingressou no Partido Progressista criado em 1933 e elegeu-se deputado estadual à Assembleia Constituinte Mineira de 1934. Após a instauração do Estado Novo,

Bilac dedicou-se à advocacia, atuando também na área acadêmica como professor da Faculdade de Direito da Universidade de Minas Gerais e posteriormente na Faculdade Nacional de Direito da Universidade do Brasil. Como analisamos no capítulo I, Bilac Pinto foi um dos signatários do Manifesto dos Mineiros. Com o fim do governo estadonovista, participou da formação da União Democrática Nacional (UDN) e se candidatou pela legenda somente em 1950 para deputado federal. Podemos apontar esse momento da eleição de Bilac Pinto à Câmara dos Deputados como o início de sua relação com Aliomar Baleeiro. É nesse momento que se unem na oposição a Getúlio Vargas por meio da atuação frente a "Banda de Música"[133]. Nas eleições de 1954, após a morte de Vargas, Bilac foi reeleito como deputado federal por Minas Gerais pela legenda da UDN. Em 1955, foi lançado pela UDN a governador de Minas Gerais, compondo a chapa com Osvaldo Pieruccetti. Perderam as eleições para a articulação do PSD com o PR que levou a chapa José Francisco Bias Fortes-Artur Bernardes Filho a vencer no estado, que venceu também as eleições presidenciais com Juscelino Kubitschek. Ao longo de seu mandato, permaneceu em postura oposicionista menos dura do que contra Vargas. Em 1958, elegeu-se novamente deputado federal. Com a vitória de Jânio Quadros à presidência e de José Magalhães Pinto ao governo de Minas Bilac, foi convidado para a Secretaria das Finanças do estado. Em 1962, deixa o cargo a fim de se candidatar no pleito de 1962 a deputado federal, sendo eleito novamente.

Para a nossa análise, o marco importante para a intensificação das relações entre Bilac Pinto e Aliomar Baleeiro está na legislatura iniciada em 1963, na qual ambos se encontram novamente na Câmara após períodos de atuação em estados diferentes. Entendemos que houve nesse momento uma retomada das relações políticas, principalmente à frente da oposição ao governo de João Goulart. Bilac Pinto ganhou destaque dentro do partido, sendo acompanhado em suas ideias por Baleeiro e outros correligionários da UDN.

---

[133] Para maiores informações sobre a "Banda de Música" ver capítulo I e BENEVIDES, Maria Victoria. Banda de Música. *In:* ABREU, 2001, p. 490-492.

Bilac Pinto ganhou um amplo espaço na esfera político-partidária nacional. Em dezembro de 1962, assumiu a liderança da UDN na Câmara e, em abril de 1963, foi eleito presidente nacional de seu partido. A partir desse momento, o bloco de poder multinacional e associado por meio do complexo Ipes/Ibad buscou as bases político-partidárias para sua ação de classe encontrando no líder udenista o apoio necessário para a articulação do golpe. Opositor ferrenho de João Goulart, Bilac Pinto transformou-se num porta-voz da elite orgânica no Congresso ao divulgar as teses de guerra revolucionária as quais vinha estudando há muitos anos.

Iniciou uma ação ideológica efetiva ao declarar "guerra" aberta aos comunistas, enfatizando constantemente o perigo da ameaça "vermelha" que estaria em curso no país. Podemos afirmar então que Bilac Pinto é um intelectual orgânico dessa classe dominante que se uniu em prol de um projeto de tomada de poder. Essa "congruência orgânica" produzida nos anos de 1963 e 1964 tem como um dos elementos a união em torno de um objetivo comum: o combate ao comunismo por meio de um denuncismo muitas vezes forjado para justificar a oposição ao governo nacional-reformista de João Goulart. Bilac Pinto foi um dos primeiros civis a denunciar publicamente a existência de um processo revolucionário de cunho comunista no país e a propor soluções contrarrevolucionárias.

É dessa forma que se destaca como um dos principais intelectuais orgânicos dessa classe dominante. O encampamento das teses de guerra revolucionária por meios civis tem merecido pouca consideração dos estudos sobre o período. Compreendemos a utilização de tais teses por elementos civis como um dos principais elos entre as perspectivas produzidas por militares, principalmente aqueles provenientes da ESG. Dessa forma, consideramos essencial para a demonstração de nossa hipótese uma análise de como tais teses foram encampadas por Bilac Pinto e aceitas por diversos setores da oposição a João Goulart, como Aliomar Baleeiro.

A ausência de interpretações acerca da absorção das teses sobre a Guerra Revolucionária no âmbito civil e a falta de documentação sobre Bilac Pinto nos impedem de afirmar desde que momento se dedicou aos estudos sobre tais teses. Por isso, vamos utilizar como norteador seus discursos proferidos na Câmara dos Deputados e as entrevistas dadas a jornais, todos publicados no livro *Guerra Revolucionária*[134], de julho de 1964, portanto após o golpe.

O primeiro discurso foi proferido no dia 25 de junho de 1963 na Câmara dos Deputados. A entrevista seguinte foi publicada nos jornais *O Estado de São Paulo, Jornal do Brasil, Diário de Notícias, Correio da Manhã* e *Correio Brasiliense* no dia 22 de janeiro de 1964. No dia seguinte, discursou novamente na Câmara. No dia 9 de feverciro de 1964, foi publicada uma entrevista sua no jornal *O Estado de São Paulo*. Em 16 de fevereiro de 1964, responde à defesa feita por Darcy Ribeiro, chefe da Casa Civil de João Goulart, contra suas denúncias. No dia 26 de fevereiro de 1964, volta à Câmara para mais um discurso. Pronuncia palestra em Recife, no dia 21 de março, publicada pelo *Jornal do Brasil* após o golpe, no dia 12 de abril, na qual denuncia a guerra revolucionária na América Latina. Cada discurso e entrevista compõe um capítulo do livro, sendo o último um elogio à "Revolução Democrática de 1964". O livro possui ainda um apêndice com a condensação do quarto capítulo da obra de Theodor Arnold[135] sobre o assunto e transcrição de documentos como a nota reservada de Castello Branco, então chefe do Estado--Maior das Forças Armadas, sobre o comício de 13 de março e artigo de Pedro Dantas (pseudônimo de Prudente de Morais Neto), sobre sua denúncia a respeito da guerra revolucionária, publicado em *O Estado de São Paulo*.

Partindo inicialmente da enumeração dos capítulos compilados no livro de 1964, podemos perceber o caráter público e notório que as denúncias de uma guerra revolucionária em curso no país tomaram, sendo Bilac Pinto seu principal porta-voz. Uma observação interessante é a de que o jornal que mais divulgou suas ideias presentes no livro citado foi *O Estado de São Paulo*. Dirigido por Júlio de Mesquita Filho, esse periódico caracterizava um dos principais canais de opo-

---

[134] PINTO, Bilac. **Guerra Revolucionária.** Rio de Janeiro: Forense, 1964.

[135] Para maiores informações sobre esse livro, ver PINTO, 1964, p. 179.

sição ao governo João Goulart, convocando em seus editoriais as Forças Armadas para sanear o país e divulgando o ideário do Ipes. Esse jornal é considerado por muitos autores como representante da extrema direita[136] do país, fato que justifica a divulgação de ideias anticomunistas e contrarrevolucionárias como as teses sobre guerra revolucionária. As considerações acerca de tais teses saíam dos muros da ESG e ganharam publicidade evidente. Para justificar ainda mais as posições de Bilac Pinto, faremos algumas análises de trechos de suas denúncias, transcrevendo-os quando necessário.

3. Da estratégia contrarrevolucionária da elite orgânica: a união em torno do inimigo comum

Os discursos e entrevistas de Bilac Pinto de repulsa ao governo nacional- reformista de João Goulart e sobre guerra revolucionária são entendidos, em nossa análise, como uma estratégia contrarrevolucionária desenvolvida pela elite orgânica para justificar a conquista do Estado por meio de um golpe de classe. Em torno de um inimigo comum — o comunismo —, justificavam as denúncias contra João Goulart e seu governo, focando principalmente no combate a Brizola e a seus "grupos dos onze".

O primeiro discurso de Bilac Pinto na Câmara dos Deputados deu a tônica do denuncismo oposicionista com o objetivo de desestabilizar o governo, facilitando a chegada do bloco histórico da classe dominante ao poder. Ele inicia seu discurso falando da crise política brasileira: "Como método de análise da crise política brasileira, começaremos por fixar suas três componentes principais: a) a crise de autoridade; b) crise de moralidade; c) a crise administrativa."[137]

Após enumerar os três componentes da crise, inicia sua interpretação acerca da natureza da tipologia que determina. Falando da crise de autoridade, faz uma análise sobre a representação de autoridades em épocas modernas, realizando um breve histórico.

---

[136] DREIFUSS, 2006, p. 391. Em trecho, o autor destaca a ligação de Júlio de Mesquita Filho aos militares extremistas de direita.

[137] PINTO, 1964, p. 12.

Enfatiza a diferenciação sobre individualização e personalização do poder, dizendo ser o primeiro característico de ditaduras fascistas de chefes absolutos, em que se opõe diretamente ao poder institucionalizado. O segundo é caracterizado num sentido institucional, em que o chefe de Estado que detém o poder se coloca nos quadros constitucionais, emergindo das instituições. Defende a manutenção das instituições e liderança democrática da personalização do poder. Partindo para a conjuntura brasileira, destaca que:

> [...] a causa imediata da crise de autoridade de que está padecendo o Sr. João Goulart decorre de sua pretensão de inovar o sistema institucional e a teoria política no que concerne à liderança unívoca e indelegável que deve ser exercida pelo presidente da República.[138]

Em seguida, acusa o presidente de dividir a liderança do poder

> [...] com um membro do próprio partido, a ele ligado por laços de família, criando, assim, uma personalização binária do poder em que duas figuras humanas — que denominaríamos de *ego* e *alter ego* — passaram a falar linguagens diferentes: o primeiro, em tom moderadamente progressista, e o segundo, em jargão marxista e revolucionário.[139]

Bilac não cita nomes, mas sem dúvida está falando de Brizola, a quem designa como alter ego do presidente João Goulart. A acusação da elite orgânica atacava Brizola frequentemente, e Bilac o considera como principal agitador e inspirador da guerra revolucionária. É interessante observar que ele caracteriza João Goulart como alguém que estava sendo manipulado por elementos de esquerda, chamando-o de progressista, e não de comunista. Diante da liderança binária por ele destacada, diz que a posição do presidente alienou a possibilidade de realizar a personalização do poder, desencadeando a destruição de sua própria autoridade e prestígio. Diz, inclusive, que a liderança de Brizola seria mais forte.

---

[138] *Ibidem*, p. 18.
[139] *Idem*.

Em relação às Forças Armadas, Bilac acusa Jango de favorecer movimentos de indisciplina como a Revolta dos Sargentos[140] e provocar sua divisão. Nesse momento, podemos perceber a intenção de Bilac em defender a instituição, visando contribuir para o apoio dos militares às suas concepções sobre a vida política nacional. Em mais um trecho, diz: "Desejamos que as corporações militares do país se mantenham dentro do espírito de disciplina e dos princípios de hierarquia, obedecendo ao comando dos Ministros militares para defender a pátria, garantir os poderes constitucionais, a ordem e a lei."[141]

Há uma tradição em identificar as Forças Armadas brasileiras como uma via de manutenção da ordem no país.[142] O discurso de Bilac representa de certa forma a concepção desenvolvida pela elite orgânica de que havia a necessidade de uma intervenção militar para acabar com o caos e a desordem promovidos por Goulart, Brizola e seus partidários. Em seguida, discorre sobre a crise de moralidade, acusando o presidente de enriquecimento ilícito e omissão diante de rumores de corrupção. Sobre a crise administrativa, denuncia a pouca atenção do presidente às questões dessa natureza. Critica ainda a posição do presidente frente ao movimento sindical e conclui que Jango não tem capacidade para o exercício da função.

Resume sua acusação contra Jango da seguinte forma:

> Feito o plebiscito e restaurado o sistema presidencial, iniciou-se novo ciclo da luta política contra o poder Legislativo. As reformas de base passaram

---

[140] A Revolta dos Sargentos foi uma rebelião promovida por cabos, sargentos e suboficiais da Aeronáutica e da Marinha em 12 de setembro de 1963, motivada pela decisão do Supremo Tribunal Federal de manter a ilegibilidade dos sargentos para órgãos do poder Legislativo. Para maiores informações, ver: LAMARÃO, Sérgio. Revolta dos Sargentos. *In*: ABREU, 2001, p. 4992-4993.

[141] PINTO, 1964, p. 28.

[142] Esse discurso, no qual os militares são reclamados como responsáveis pela manutenção da ordem, é bastante analisado por Afred Stepan. Segundo o autor, as Forças Armadas, ao longo do processo político brasileiro, sempre cumpriram o papel moderador em crises políticas, atuando em prol da manutenção da ordem. Para ele, até 1964, a intervenção das Forças Armadas foi conjuntural, sendo o poder restituído aos civis. Na crise do governo Jango, a instituição teria rompido esse padrão moderador, assumindo o controle do Executivo. Para maiores informações, ver STEPAN, Alfred. **Os militares na política**. Rio de Janeiro: Editora Artenova, 1975.

> a ser o tema das novas pressões articuladas pelo Governo contra o Congresso Nacional. Iniciou-se, paralelamente, propaganda de processos revolucionários para a solução das reformas que estão pendentes de decisão parlamentar. O objetivo visado continua sendo o mesmo: golpe de Estado, mediante fechamento do Congresso Nacional.[143]

Este trecho final mostra bem a acusação de que o presidente pretendia um golpe de Estado, apoiado pelas forças de esquerda. Esse tipo de articulação possibilitou à elite orgânica desenvolver um trabalho ideológico, feito por intermédio de organismos como o Ipes e o Ibad[144], visando conter a onda revolucionária que estaria assolando o país. Para isso, delinearam a crise política brasileira e propuseram uma ação contrarrevolucionária. Aliomar Baleeiro, em seus diários, aproxima-se intimamente das concepções desenvolvidas por Bilac Pinto nesse primeiro discurso. No dia 26 de agosto de 1963, escreve sobre a situação do Brasil nos últimos meses. Sobre encontro com Amílcar Falcão, relata a opinião do mesmo sobre João Goulart:

> É ignorante em todos e quaisquer assuntos públicos, a respeito das quais não forma qualquer ideia definida. Repete o que ouviu da última pessoa, mas muda de opinião facilmente, se outra lhe diz que é uma asneira. Tem duas ideias fixas: República Sindical e intervenção na GB [Guanabara].[145]

Dá continuidade ao relato de seu encontro dizendo:

> A opinião geral é de que ele pretende perpetuar-se no poder e exercê-lo sem freios constitucionais. Para mim, ele quer repetir as façanhas de Getúlio, com quem conviveu intensamente desde 1945 até a morte e de quem foi vizinho e protegido. Dizem que talvez filho. A fortuna dele, hoje, é imensa. Cerca de 1 bilhão no RGS[Rio Grande do Sul] e não se sabe

---

[143] PINTO, *op. cit.*, p. 38

[144] Para informações detalhadas sobre a doutrinação promovida pela elite orgânica, ver capítulo VI em DREIFUSS, 2006.

[145] Arquivo Aliomar Baleeiro. Dossiê: AB pi Baleeiro, A. 1910.00.00.

qto [quanto] na GB [Guanabara], M[ato] Grosso e Goiás. Corre insistentemente o boato de que tem interesses nas Casas da Banha.[146]

Neste trecho Baleeiro relata sua opinião sobre Jango e especula sobre o enriquecimento do presidente, assim como denunciado por Bilac, demonstrando uma congruência de perspectivas. A relação entre os dois parece ser bastante íntima, na medida em que Baleeiro relata ter ido ao casamento da filha de Bilac[147]. Além disso, politicamente, pertenciam à mesma ala oposicionista da UDN, a "Banda de Música".

Os diários suscitam diversas possibilidades de construção da rede de relações de Aliomar Baleeiro que nos permitem afirmar sua representação como um intelectual orgânico da classe dominante, representante da oposição udenista mais agressiva. No trecho a seguir, podemos analisar sua relação com o presidente João Goulart, com quem viajou oficialmente para o Chile e o Uruguai. É possível perceber o desconforto de Baleeiro ao ser abordado por Hermes Lima[148] a fim de que lesse os discursos a serem proferidos por Jango na viagem. Demonstram também a posição conciliatória do presidente, contrariando dessa forma os ataques por ele sofridos até mesmo pelo próprio Baleeiro. Na página do dia 26 de agosto, descreve a viagem:

> Na última semana de abril, por determinação dos líderes Pedro Aleixo e Adauto, que não queriam ou não podiam ir, integrei a comitiva de Jango pa.[ra] visita ao Chile e Uruguai. No vôo pa.[ra]. o 1º [primeiro] desses países, Hermes Lima me disse que o

---

[146] *Ibidem.*

[147] No dia 12/09/1963, relata em seu diário: "Às 18h, fui ao casamento da Beatriz, filha de Bilac, e à porta, Pedro Gomes me disse " Por aí, não dão mais de 8 dias ao Jango...". Só se falava nisso e nas greves, esperando-se a dos bancários pa[ra]. amanhã." Em seguida continua contando as conversas na casa de Bilac Pinto após o casamento.

[148] Hermes Lima foi chefe do gabinete civil da presidência da República (1961-1962), ministro do Trabalho (1962), primeiro-ministro (1962) e ministro das Relações Exteriores (1962-1963) durante o governo de João Goulart. Durante a viagem relatada, Hermes Lima havia sido indicado pelo presidente ao Supremo Tribunal Federal. Para maiores informações, ver: COUTINHO, Amélia. Hermes Lima. *In:* ABREU, 2001, p. 3150-3154.

Pte.[presidente] pedira que eu lesse os discursos a serem pronunciados em Montevidéu e Santiago. Respondi q.[ue] o assunto era de responsabilidade pessoal dele, H.L.[Hermes Lima] e do presidente, de sorte q.[ue] não havia razão pa.[ra] um oposicionista manifestar-se. Replicou H.L.[Hermes Lima] que Jango e ele sinceramente desejavam q.[ue] o pronunciamento fosse do Brasil unânime. Acrescentou q.[ue] J.G.[João Goulart] queria conversar comigo. Quando eu estava conversando com Pedro Calmon, senti q.[ue] alguém pusera a mão em meu ombro por detrás. Era o Jango com os 2 discursos. Cumprimentou-me politicamente e pediu que os lesse e transmitisse com franqueza quaisquer objeções. Diante disso li e como encontrasse um período que me pareceu inconveniente, fiz um traço a lápis na margem, entregando a papelada ao Sen.[Senador] Jéferson Aguiar, a quem devolvi tudo e comuniquei minha opinião. Ele que transmitiu ao presidente. Estava almoçando quando Hermes voltou e discutiu o período achando que não havia margem pa.[ra] a interpretação dada por mim. Resp.[ondi] que o problema era dele e não meu. Foi até o local de J.G [João Goulart] e voltou insistindo pa.[ra] que eu o acompanhasse até lá, como pedia o Presdt. [presidente] Disse ele q. ainda faltava a sobremesa. Ele ficou [ilegível] e afinal me conduziu à poltrona vazia ao lado de J.G.[João Goulart], que estava em [ilegível] mangas de camisa. Ofereceu-me um cigarro e disse-me que imediatamente mandara cancelar o período condenado por mim. Conversou sobre a reforma agrária, depois de eu lhe ter explicado o motivo pelo qual ali estava em substituição e a pedido de Pedro Aleixo.[149]

Continua falando sobre a questão da reforma agrária com Jango e segue falando da viagem, fechando seu relato com um alerta ao presidente:

---

[149] Arquivo Aliomar Baleeiro. AB pi Baleeiro, A. 1910.00.00.

> 'Sr. Presidente, todos os generais e militares que destronaram Pedro II foram promovidos por ele desde aspirantes, do mesmo modo que Pedro I até dançava com os oficiais que o levaram a abdicar em 7 de abril de 1831. Vargas foi deposto 2 vezes por oficiais que ele promoveu desde o começo da carreira, Café caiu por golpes dum general obscuro, que ele retirou do anonimato, promoveu e fez ministro da Guerra' Ele, em repetidos gestos de cabeça, respondeu vivamente: 'Eu também estou certo disso!"[150]

Ao longo do ano de 1963, Baleeiro relata diversas opiniões e conversas com Bilac Pinto e outros atores políticos, girando em torno de assuntos como o pedido de estado de sítio enviado ao Congresso por João Goulart, a crise envolvendo os sargentos e as greves do CGT. Dá grande destaque à repercussão na imprensa e manifesta seu apoio à atitude do general Pery Bevilaqua, que baixou uma instrução condenando o CGT, relatando um encontro na casa de Percy Levy, no dia 24 de setembro:

> Herbert [Levy] convidou-me pa.[ra] ir a uma reunião na casa do Percy, Av. Atlântica 554/1101. Só pude ir depois do jantar que lá houve. Encontrei com os srs. Kelly, Cord.[eiro] Farias, Cel.[coronel] Fev. de Cerq. Lima, [três nomes ilegíveis]. Bilac [Pinto], Brig. E.G.[Eduardo Gomes], com que me [ilegível] Adauto. Disse Levy por telef.[onema] da s/[sua] filha em SP [São Paulo] soube que o CGT [ilegível] ia publicar o tal misterioso manifesto, pelo q.[ue] Pery declarou que prenderia os dirigentes desse grupo e não entregaria o comando de SP [São Paulo]. Pery já foi conv.[idado] por Jair. Hoje, coment.[aram] jornais se foi ou não foi. Adauto foi falar ao Ademar de Queiroz q.[ue] se mostrou otimista (ontem) sobre o q.[ue] vai acontecer na conversa pres[presidente]-Pery. Achava que Bilac deveria conversar com Jair. Disse-me Rafael q segundo versado por Ademar de Barros, Jair falou grosso com Jango quando se

---

[150] *Ibidem.*

> encontraram depois da sargentada: ou contra [ile-
> gível] ou fica resp. pelo que houve. Brig [Eduardo
> Gomes] e C[ordeiro de] Farias, q.[ue] conhecem Jair,
> não o [ilegível] p[ara] isso[151].

Neste trecho, identificamos uma reunião entre elementos civis e militares, discutindo questões sobre política nacional. Podemos compreender este trecho, principalmente pelos nomes citados, como uma das demonstrações dessa organização contra um inimigo comum, no caso dessa reunião especificamente o CGT e os movimentos de greve por ele promovidos. Nomes como o do general Pery Bevilaqua, considerado legalista, e Cordeiro de Farias, articulador do processo golpista, Bilac Pinto e Aliomar Baleeiro juntos em prol de um objetivo justificam a "congruência orgânica" que vinha se consolidando ao longo dos anos de 1963 e 1964.

Em entrevista do dia 22 de janeiro de 1964, aos jornais de maior circulação do país[152], Bilac denuncia que estava se construindo um quadro de subversão governamental. Sua acusação se torna bem mais agressiva nessa entrevista. Inicia relatando conversa com Ademar de Barros, militares e políticos em janeiro desse ano, quando obteve informações acerca da distribuição de armas a sindicatos rurais e da orla marítima. A partir daí, acusa o governo de conivência e relata ter alertado a população civil para a gravidade do fato, aconselhando estes a se armarem. Esse fato teve repercussão em diversos jornais de 16 de janeiro, como o próprio Bilac destaca[153]. Responde a João Goulart, que o desafiou a comprovar as denúncias, dizendo:

> A resposta à interpelação do Sr. João Goulart exige uma introdução de caráter histórico acerca dos golpes-de-estado por ele tentados, desde que assumiu o Governo; da firme posição legalista das Forças Armadas em todos esses episódios e da paralela preparação da 'guerra revolucionária', que se vem

---

[151] *Ibidem.*

[152] Os jornais foram listados na apresentação do livro neste mesmo capítulo.

[153] PINTO, 1964, p. 47.

fazendo com a colaboração — por ação e por omissão – do Sr. João Goulart.[154]

A entrevista segue discorrendo sobre essas perspectivas, buscando dessa participação do presidente a qual Bilac condena. Para nossa análise, merece destaque a primeira denúncia efetiva sobre guerra revolucionária publicada em jornais. Bilac enumera as provas indiciárias da coautoria do presidente na preparação desta:

1. vem permitindo que o Sr. Deputado Leonel Brizola, com violação do código de Telecomunicações e da Lei de Segurança do Estado, realize, por meio do serviço público de radiodifusão, a pregação ideológica da "guerra revolucionária" e a organização de guerrilheiros (grupo de 11);

2. ter permitido, - apesar das reiteradas advertências que lhe têm sido feitas, - a ampla infiltração de comunistas em todos os escalões do Governo;

3. estimula e prestigia a influência comunista da Petrobras;

4. permitiu a criação de órgãos sindicais ilegais como o CGT e a PUA, controlados por comunistas, aos quais dispensa o apoio do Governo;

5. prestigia e estimula as "greves políticas";

6. tem concorrido para solapar a disciplina no seio das Forças Armadas.[155]

A enumeração dessas denúncias caracteriza a base das teses de guerra revolucionária defendidas por Bilac Pinto e por militares. Aliomar Baleeiro comenta, dois dias depois, a entrevista em seu diário:

Repercutiram vivamente nesses últimos dias: a entrevista do Bilac, anunciando que armas estão

---

[154] *Ibidem*, p. 48.

[155] PINTO, 1964, p. 47.

> sendo distribuídas a forças de agitadores com a conivência do Gov[erno]. Fed[eral]. b) a divulgação de documentos e manuais de guerrilhas, copiados de Che Guevara, que Brizola exp.[lica] pa.[ra]os "comandos dos onze".[156]

No dia 23 de janeiro de 1964, Bilac Pinto discursou na Câmara dos Deputados denunciando efetivamente a guerra revolucionária que estaria em curso no país. Diz ter tido acesso a estudos de oficiais das Forças Armadas dias antes sobre a marcha da guerra revolucionária no país. Essa informação corrobora nossa hipótese de que Bilac Pinto foi o porta-voz dessas ideias, iniciadas por estudos militares como relatados no capítulo II. A partir disso, discorre sobre tais concepções:

> Os autores militares que têm estudado a "guerra revolucionária" adotam diversas classificações acerca das fases ou momentos em que ela se desdobra. A mais conhecida é a que divide a "guerra revolucionária" em cinco fases e foi inspirada em trabalho do coronel J. Hogard, do Exército francês. Para que os Srs. Deputados percebam as diferentes etapas da "guerra revolucionária", vou transcrever, no meu discurso, as circunstâncias que caracterizam cada uma de suas fases. Desenvolvimento da "guerra revolucionária" 1ª Fase: Organização da infra-estrutura regional e nacional; Formação de técnicos agitadores; Seleção de simpatizantes ativos; Seleção da ideologia básica; Exploração das contradições internas; Infiltração nos órgãos de divulgação. 2ª Fase: Ampliação da infra-estrutura; Organização da rede de informações; Organização da rede de vigilância; Infiltração de agentes especializados nos órgãos do Governo e Partidos Políticos; Promoção de greves, desordens e sabotagem; Esforço principal nas contradições internas selecionadas. 3ª Fase: Consolidação da infra-estrutura; Organização da rede de

---

[156] Arquivo Aliomar Baleeiro.

> assistência; Obtenção de armamento; Ampla infiltração no Governo, em todos os escalões; Promoção de greves com motivação política ostensiva; Terrorismo seletivo e sistemático, atentados pessoais; Organização de guerrilheiros; Ampla infiltração nos partidos políticos, ostensiva; Controle das organizações estudantis e trabalhistas; Controle político de certas áreas; Controle de certos setores governamentais; Infiltração nas F. A. 4ª Fase: Rebelião franca, surge o Exército revolucionário; Demonstração da força política no âmbito nacional; Criação de zonas liberadas; Terrorismo amplo, ação psicológica intensa; Instalação progressiva das hierarquias paralelas; Organização da superestrutura nacional. 5ª Fase: Ações militares clássicas, guerrilhas; Ofensiva político-psicológica intensa; Derrubada do governo; Instalação do governo provisório; Consolidação da Superestrutura Nacional; Instalação do governo comunista ostensivo.[157]

Segundo Bilac Pinto, o país se encontrava na terceira fase da guerra revolucionária, coincidindo com os estudos militares que apontavam o mesmo. A maioria das circunstâncias que a integram já tinham sido alcançadas e outras estariam em curso. Apresenta um documento intitulado "Organização dos Grupos de Onze Companheiros ou Comandos Nacionalistas", manifesto de Leonel Brizola, e afirma estar provando com ele o elemento da terceira fase da guerra revolucionária. Ao longo do discurso, cita trabalhos de militares e aponta coincidências entre perspectivas.

Aliomar Baleeiro confirma a aproximação de Bilac com os círculos militares ao relatar que este possuía documentação reservada do Estado-Maior do Exército, cujo chefe era o general Castello Branco, e fala sobre a possibilidade de um impeachment do presidente João Goulart, no dia 31 de janeiro de 1964:

---

[157] PINTO, 1964, p. 61-65.

> Na véspera de ma.[minha] viagem a Brasília (dia 27), Adauto [Lucio Cardoso] queria que eu ficasse pa[ra]. trabalhar na CPI da Petrobras, considerando que esse assunto sobreleva todos os outros. Essa a opinião do Aleixo, - dizia ele. Mas não senti isso em ma.[minhas] conversas com [Pedro] Aleixo, que, apoiado por Bilac, me encarregara de redigir uma petição de impeachment contra Jango, a fim de ficar depositada na UDN e ser utilizada se o PSD, algum dia, quiser garantir os 205 votos pa.[ra] recebimento. Bilac tem exemplar de estudos reservados do Est.[ado] Maior sobre guerrilhas, por onde se vê que as Forças Armadas estão atentas e o gen. Jair pode desmentir Bilac, limitando-se a registrar o "exagero". Paralelamente corre o processo de Convenção da UDN.[158]

No dia 4 de fevereiro, Aliomar Baleeiro escreve: "Bilac enviou-me um envelope com a nota de confidencial. [ilegível] elementos do Est.[ado] Maior sobre guerrilhas."[159] Essa declaração indica mais explicitamente como Aliomar Baleeiro, por intermédio principalmente de Bilac Pinto, começa efetivamente a participar do processo de congruência orgânica da classe dominante. Ao longo de sua vida, sempre preferiu seguir o caminho da legalidade, enfatizando sempre os meios legais de subida ao poder. Não é à toa que redige uma petição formal de impeachment contra João Goulart quando estão se acirrando os ânimos da oposição. Supomos que é a partir do início de seus encontros com o general Castello Branco e a consequente aproximação dos grupos militares que inicia seu apoio à solução golpista.

Em relação às teses de guerra revolucionária, relata em seu diário, no dia 16 de fevereiro, uma conversa telefônica com Bilac Pinto e logo após o primeiro encontro efetivo com o general Castello Branco:

---

[158] Arquivo Aliomar Baleeiro. Dossiê: AB pi Baleeiro, A. 1910.00.00.

[159] *Ibidem.*

> Discuti pelo telef.[one] com Bilac [Pinto] s/[obre] a guerra revoluc[ionária], que, a meu ver, existe em curso com a cumplicidade de JG [João Goulart], sem a qual seria inexpressiva. A meu entender, JG [João Goulart] não é comunista, por seus inúmeros interêsses, mas, frio, calculista (diferenciando-se do impulsivo Brizola), marcha mano a mano com o PC [Partido Comunista], pretendendo utilizá--lo e esmagá-lo como fez GV [Getúlio Vargas] em 1935. Então, penso, há duas saídas – 1) exito da guerra revoluc.[ionária] esmagando o PC [Partido Comunista] e JG [João Goulart] depois de se utilizar deste; 2) ou, o que me parece mais provável, JG [João Goulart] esmagar o PC [Partido Comunista], depois do golpe para ser gov.[ernante] pessoal, contando para isso com a direita, Exérc[ito] e E.U.[Estados Unidos] Estes [ilegível] se importam que sejam uma ditadura, com tanto q. dócil a eles como foi G.V.[-Getúlio Vargas] – Bilac [Pinto] descarta – só haverá a primeira saída. À noite, B[ilac] Pto [Pinto] e eu fomos conferir n/ [nossas] divergências em N Sra. [Nossa Senhora] – 394 com HCB [Humberto de Alencar Castello Branco] e AQ [Ademar de Queiroz], aos quais expusemos o assunto. HCB [Humberto de Alencar Castello Branco] admite que JG [João Goulart] poderá pretender o golpe de direita porq. [ue] quer apreciar poder pessoal.[160]

Após esse primeiro encontro, Aliomar Baleeiro aprofundou suas relações com Castello Branco, com quem consolidou uma relação política importante no desenvolvimento dos acontecimentos do golpe de 1964.

A partir das fontes utilizadas, em grande parte de caráter pessoal e inédito, começamos a demonstrar nossa hipótese de que Aliomar Baleeiro era representante de uma elite orgânica que tinha um projeto de tomada de poder. Como muitos outros atores políticos, passou a apoiar efetivamente o movimento nos últimos meses antes do dia 31 de abril de 1964. A rede de relações por ele

---

[160] *Ibidem.*

desenvolvida é demonstrada por meio das citações de seus diários. Como norteador, adotamos a ideia de trabalhar essa rede por meio de sua relação com Bilac Pinto, representante de longo prazo dessa elite orgânica e personagem de grande importância na inserção de Aliomar Baleeiro na conjuntura. Não podemos deixar de considerar a tradição liberal deste e suas posições sempre agressivas quando se trata de oposição. Apesar de tal postura, Baleeiro apresenta uma conduta que tende à defesa da legalidade em diversos momentos, fato que não o impediu de estar ao lado dos golpistas em 1964. Neste capítulo demonstramos como as denúncias sobre guerra revolucionária e acusações de subversão repercutiram ao serem publicizadas por Bilac Pinto e sua influência no meio civil, relacionado também a perspectivas militares. A "congruência orgânica" que destacamos ficará completa ao demonstrarmos sua representação nos meios militares, principalmente por meio da proximidade de Aliomar Baleeiro e Castello Branco.

Capítulo 3

1. Do personagem: Castello Branco em breves linhas

Castello Branco nasceu no dia 20 de setembro de 1897, em Fortaleza. Morou em diversas cidades brasileiras devido à carreira militar de seu pai. Em 1912, devido à transferência de seu pai para a cidade de Rio Pardo (RS), ingressou no Colégio Militar de Porto Alegre, sendo colega de classe de Riograndino e Amauri Kruel, Artur da Costa e Silva, dentre outros que obtiveram relevância no cenário político nacional. Ocupou diversos cargos militares, destacando-se pela excelência apresentada em seus estudos, o que lhe proporcionou promoções a cargos em instituições de ensino militar como a Escola Militar de Realengo, a Escola de Estado-Maior (EEM) — depois renomeada por ele enquanto diretor para Escola de Comando e Estado-Maior do Exército (Eceme) — e a Escola Superior de Guerra (ESG). O destaque nos estudos lhe rendeu uma indicação para atuar junto à Missão Militar Francesa em 1931 e, posteriormente, frequentar a École *Supérieure de Guerre* em Paris, no ano de 1936.

Com a declaração de guerra do Brasil à Alemanha e à Itália, foi enviado para a Escola de Comando e Estado-Maior de Fort Leavenworth nos Estados Unidos, junto a outros militares, para aprender os métodos de combate norte-americanos, destinados a substituir os métodos franceses aplicados pelo Exército do Brasil. Em maio de 1944, no Rio de Janeiro, foi instalado o Estado-Maior Especial, com o objetivo de planejar e executar o embarque da 1ª Divisão de Infantaria Expedicionária (DIE) — que seria conhecida como FEB. Castello Branco compunha esse grupo, sendo responsável pela 3.ª seção de operações do estado-maior da 1ª DIE. O 1.º Escalão da FEB embarcou em julho de 1944. Ao retornar da campanha brasileira na Itália, já como coronel, assumiu o cargo de diretor de ensino da EEM, deixando a escola em 1949 ao ser nomeado chefe da 3.ª Seção do Estado-Maior do Exército (EME).

No Clube Militar, Castello Branco compunha a oposição à ala nacionalista, apoiando em 1952 a criação da Cruzada Democrática. No movimento de oposição a Getúlio Vargas, alinhou-se a jovens oficiais e a altas patentes do Exército que, com apoio da Cruzada Democrática, tentaram forçar a renúncia do presidente.

Em 1954, Castello foi nomeado comandante da EEM, que passou a se chamar Escola de Comando e Estado-Maior do Exército (Eceme). Em suas preleções na referida escola, dizia que um bom oficial deveria se manter longe da política, posição que foi sendo modificada frente aos momentos de crise que o país enfrentava. Castello apoiou o movimento militar de 11 de novembro de 1955, liderado pelo ministro da Guerra general Henrique Lott para garantir a posse de Juscelino Kubitschek, o que lhe causou problemas dentro da Eceme, pois não conseguiu convencer instrutores e alunos a concordar com sua posição. Estes assinaram um manifesto condenando a "traição de Lott" e o ministro solicitou a Castello Branco a transferência dos signatários para outra escola, pedido que o desagradou e levou à sua demissão do cargo, assumindo o posto de assistente do chefe do Estado-Maior das Forças Armadas (EMFA). Em abril de 1956, foi transferido para a Escola Superior de Guerra (ESG), passando a dirigir o departamento de estudos da escola. Exerceu o cargo até agosto de 1958, quando foi nomeado comandante militar da Guarnição da Amazônia e da 8.ª Região Militar.

Castello Branco concorreu em 1958 à presidência do Clube Militar pela Cruzada Democrática, em oposição a chapa pró-Lott, perdendo por uma pequena diferença para o candidato general Justino Alves Bastos.

Em 1960, foi nomeado diretor de Ensino e Formação do Exército, ficando responsável pela coordenação dos colégios militares, dos centros de preparação de oficiais da reserva e da Academia Militar das Agulhas Negras. Com a renúncia de Jânio Quadros, em agosto de 1961, apoiou a solução parlamentarista, ressaltando que esta serviria somente para uma solução momentânea, permanecendo a conjuntura de crise nacional.

Em face do aumento das divisões dentro das Forças Armadas, Castello Branco passou a enfatizar o alerta contra o "perigo comunista" em seus discursos. Em julho de 1962, foi promovido a general de exército e, em setembro, nomeado comandante do IV Exército (Recife), sucedendo o general Artur da Costa e Silva. Com a substituição do ministro da Guerra Amauri Kruel por Jair Dantas Ribeiro, Castello Branco foi convidado a assumir a chefia do Estado-Maior do Exército (EME), segundo posto da hierarquia militar. Entre os meses de novembro e dezembro de 1963, Castello Branco esboçou um plano de reorganização do Exército, defendendo a necessidade de reformulação da doutrina militar no Brasil.

2. Do chefe do Estado-Maior do Exército e a guerra revolucionária

Diante das implicações da crise do governo João Goulart, o general Castello Branco, considerado legalista e defensor da manutenção da hierarquia militar e do respeito à instituição, inseriu em seus discursos menções sobre as teses de guerra revolucionária em consonância com os estudos de militares da ESG. Martins Filho destaca como se desenvolveu a mudança do currículo dos cursos das escolas militares, principalmente no que diz respeito à inserção de temas sobre guerra revolucionária:

> Com algumas mudanças, as apresentações se basearam no currículo do Primeiro Curso de Guerra Contrarrevolucionária, que três oficiais brasileiros assistiram na Argentina no ano anterior. Pouco mais de seis meses antes, o chefe do EME, general Humberto de Alencar Castello Branco, em palestra destinada a lançar simbolicamente a nova programação, explicou que esta foi resultado da decisão tomada pelo Estado-Maior do Exército, alguns meses atrás, no sentido de que **todos os estabelecimentos de ensino daquela força promovessem um novo currículo que tratasse de 'questões ideológicas, Guerra Revolucionária e outros problemas correlatos'.**[161]

---

[161] MARTINS FILHO, 2004, p. 1, grifo nosso.

Este trecho nos fornece a informação de que foi Castello Branco quem inseriu oficialmente nos currículos os estudos sobre guerra revolucionária, iniciados pelo coronel Augusto Fragoso em 1959 na ESG, como destacamos no capítulo I. Em palestra no fechamento do curso sobre Guerra Revolucionária, Castello propõe uma "ação educativa contra a guerra revolucionária" [162]. Martins Filho trabalha com as origens dessa doutrina, enfatizando a relação com os textos franceses, não deixando de lado a influência norte-americana possibilitada pelo contato de militares brasileiros, como Castello, com o Exército dos Estados Unidos, principalmente ao longo da campanha da FEB. Nesse período houve um ganho de autonomia dos estudos militares, ampliados após a fundação da ESG, e a consequente divulgação de suas ideias no meio civil.

A importância de Castello Branco frente à divulgação das teses de guerra revolucionária reside na sua atitude de institucionalização de seus estudos nas escolas militares. Sua carreira demonstra a preocupação constante com a modernização e reformulação de currículos das escolas, como fica evidente em trecho do *Mensário de Cultura Militar* de 1962, destacado por Martins Filho, onde são indicadas estas novas diretrizes:

> A importância da Ação Educacional e de Instrução contra a Guerra Revolucionária tem sido ressaltada pelo Estado-Maior do Exército, através de Diretrizes, Programas e Conferências, com o objetivo de preparar o Exército, psicológica e materialmente para opor-se a qualquer tipo de ação subversiva.[163]

No momento em que se torna chefe do EME, fica evidente sua atitude de tentar levar a todos os escalões do ensino militar ideias que vinham sendo desenvolvidas nas escolas superiores como a ESG, berço das teses de guerra revolucionária militar e consequentemente civil. É sempre importante lembrar o caráter misto da ESG, onde elementos civis circulavam como estagiários e palestrantes, tendo,

---

[162] SANTOS, Francisco Ruas (org.). **Marechal Castello Branco, seu pensamento militar.** Rio de Janeiro: Imprensa do Exército, 1968. p. 223.

[163] Mensário de Cultura Militar *apud* MARTINS FILHO, 2004, p. 15.

por um lado, acesso a esses tipos de estudo e, por outro, contribuindo para o desenvolvimento de seus conteúdos. A divulgação de tais teses no meio civil, representado, aqui, pelo intelectual orgânico Bilac Pinto, e a concordância com tais perspectivas por Aliomar Baleeiro, civil, e por Castello Branco, militar, possibilitam a interpretação de que havia uma congruência de interesses entre o pensamento civil e militar, que possibilitou a consolidação de uma articulação de classe em torno de um objetivo comum.

3. Da aproximação entre um militar e um civil: Castello Branco e Aliomar Baleeiro

Aliomar Baleeiro, em artigo publicado por Luiz Viana Filho em coletânea sobre Castello Branco, relata sua aproximação com o general. Segundo ele, Otávio Mangabeira[164] — correligionário de Baleeiro na UDN — lhe aconselhou, durante a campanha presidencial de 1960, a procurar militares se houvesse qualquer emergência para a vida democrática, indicando os nomes de Ademar de Queiroz e Castello Branco. Baleeiro diz ter guardado o conselho sem fazer qualquer tipo de aproximação, fazendo contato com Ademar de Queiroz durante o aprofundamento da crise no ano de 1961, como relata:

> Um dentista baiano, que servira no Exército, Desaix Dias, amigo do Alvaro França, tratava os dentes de Queiroz e de Castello Branco. Procurei-o e pedi que transmitisse ao primeiro o que me aconselhara Otávio e gostaria de ouvir-lhe as impressões a sós, se ele concordasse e onde preferisse, tanto na casa dele quanto na minha, ou ainda noutro lugar. Ele preferiu lá em casa, em Santa Clara, quando eu qui-

---

[164] Otávio Mangabeira foi um importante representante da política baiana. Foi deputado federal pela Bahia e ministro das Relações Exteriores antes da Revolução de 1930. Foi deputado federal entre 1935 e 1937, deixando o cargo após o fechamento do Congresso pelo golpe do Estado Novo. Foi deputado constituinte pela UDN e um dos importantes nomes na fundação do partido, sendo eleito em 1947 para governador do estado da Bahia. Entre 1955 e 1960, cumpriu os mandatos de deputado federal e senador da República. Faleceu em 29 de novembro de 1960. Aliomar Baleeiro se aproximou de Mangabeira no período de formação da UDN baiana em 1946. Para maiores informações sobre esse período, ver capítulo I deste trabalho. PANTOJA, Sílvia. Otávio Mangabeira. In: ABREU, 2001, p. 3529-3533.

> sesse. Marquei um almoço e ele apareceu com o Desaix à hora designada [...] perguntei-lhe se achava provável que as Forças Armadas transigissem com qualquer atentado ao regime, ou ao Congresso, ou aos Estados-membros. Respondeu-me negativamente. Insisti ainda em inquirir qual general com alto comando que poderia inspirar confiança para liderar a defesa às instituições, caso o presidente da República saísse da ordem legal, e também que não se aproveitasse disso apara estabelecer seu poder pessoal. Ele disse logo o nome de Castello Branco, que, informou, tinha comando no Norte.[165]

Após esse encontro, Baleeiro se aproximou de Ademar de Queiroz, com quem se encontrou na casa de Percy Levy, como citamos no capítulo anterior. Diz então que, diante da crise em 1963, achou que era a hora de voltar a conversar com Ademar e, por intermédio dele, com Castello Branco. Baleeiro pediu que Ademar transmitisse a Castello fatos de sua opinião sobre o pedido de estado de sítio no governo de João Goulart e de atentados planejados para atingir Carlos Lacerda. Castello concordou em vê-lo pessoalmente. Baleeiro relata:

> Pus-me à disposição dele, que deveria indicar o lugar que lhe parecesse mais discreto. Castello Branco marcou na própria residência dele, à noite, devendo Ademar de Queiroz apresentar-me. Sugeri a presença de Bilac, que foi aprovada por Castello Branco.[166]

Foi nessa primeira reunião, descrita inicialmente no capítulo anterior, que a congruência de concepções sobre a situação nacional entre Castello Branco, Aliomar Baleeiro e Bilac Pinto é evidenciada, simbolizando a formação da coalizão de classe empresarial-militar que iria conquistar o Estado em 31 de março de 1964. Baleeiro relata as posições de Castello no encontro:

---

[165] VIANA FILHO, 1986, p. 6.

[166] *Ibidem*, p. 7.

> Como eu procurasse extrair de Castello Branco uma definição, já que se mostrara menos reservado do que na conversa anterior, declarou- nos: — 'As Forças Armadas não apoiarão qualquer movimento endereçado a dar poder pessoal ou ditatorial a Jango, mas também não acolherão atentados às atribuições constitucionais dele, 'enquanto constitucionais'. Insisti nos fatos sucessivos, inclusive os recentes denunciados por Bilac. Ele concordou em que Jango pretendia apoiar- se nos sargentos, nos operários e nos comunistas para algum objetivo ainda não perfeitamente definido e **concedeu que havia coincidência entre o conceito de guerra revolucionária dos comunistas e os atos de Jango. Admitiu que Jango e Brizola pretendiam movimentos separados um do outro.** [...] **Saí de lá com a impressão de que ele estava do nosso lado e que suas palavras valiam por uma promessa de ação, pois, afinal, reconheceu que Jango agia como em guerra revolucionária e, portanto,** 'fora das atribuições constitucionais'. Por outro lado, Ademar de Queiroz, ligado a ele, estava já convencido de que a situação se tornava mais grave dia após dia.[167]

A frase grifada confirma a posição de Aliomar Baleeiro frente aos acontecimentos. Sua perspectiva legalista, assim como a de Castello, começa a ser deixada de lado diante da conjuntura de crise, na qual a agitação dos grupos de esquerda e as denúncias sobre guerra revolucionária uniram diversos elementos, civis e militares. A doutrinação ideológica promovida pelos setores conservadores atingiu diversas instâncias da sociedade. Baleeiro atuou como porta-voz dessa elite orgânica, ganhando contornos que indicavam cada vez mais sua participação no esforço para a tomada do poder.

Além das reuniões reservadas, continuou atuando no Congresso. Fazia discursos na Câmara dos Deputados questionando os bens de João Goulart e criticava as posições do presidente frente

---

[167] VIANA FILHO, 1986, p. 9, grifo nosso.

às atitudes de Brizola, em concordância com Bilac Pinto. Relata no dia 19 de fevereiro que o *Correio da Manhã* atribuía a Pedro Aleixo, deputado federal da UDN, informações recebidas de Castello Branco e diz que Carlos Castello Branco, jornalista do *Jornal do Brasil*, acusa Bilac de ter passado à ofensiva e de ter se aproximado da cúpula militar. Diante das denúncias contra Castello, Pedro Aleixo desmente nos jornais a informação de que este era informante da oposição, gerando especulações em torno da permanência ou não do general no cargo de chefe do Estado-Maior do Exército.

A intensificação da aproximação de Jango às camadas populares tornou-se evidente no comício da Central em 13 de março. No dia 16 deste mês, Baleeiro relata:

> No dia 13, com metralhadoras deslocou, 5.000 homens, presença dos 3 ministros militares, realizou-se o anunciado comício da Central, falando JG [João Goulart], seguido todavia, do velho coreto da [ilegível], em que GV[Getúlio Vargas] anunciou a Carta de 1937. Vieram os ouvintes de onibus, trens especiais e até aviões. O Est. SP.[Estado de São Paulo] de 14 publica fotos dos bilhetes pa[ra]. transporte do "povo". Brizola propôs o fechamento do Congresso. "Este não presta para nada.
>
> À noite de 13, falei das 11 ½ [onze e meia] às 2 ½ [duas e meia] da madrugada sobre isso, na TV-Tupi de SP [São Paulo]. Lá, a inquietação era enorme. O pe.[padre] Januário Balieiro disse às 3h da madrugada, à porta do hotel Jaraguá que Ademar [de Queiroz] se entende bem com o [Amauri] Kruel. No Rio, chovem telefonemas e abordagens de pessoas na rua, perg[untando]. se não haverá impeachment. Transmiti isso pelo telef., a P [edro]. Aleixo. [...] Os principais jornais abrem manchete, sobre golpes, possibilidade de impeachement etc. Dizem que Ademar espera o impeachment. Adauto convocou-me p[ara]. amanhã de manhã, antes de êle ir conversar com Martins Rod. sobre o impeachment. Trib[una da]. Imp[rensa]. publicou nota em que atribuiu a

mim e Ant[onio] Carlos Magalhães a apuração da fortuna de JG [João Goulart].[168]

No artigo sobre Castello, relata o que o Padre Balieiro de Jesus Silva, secretário da Educação de Ademar de Barros (SP), lhe diz exatamente: "Dr. Ademar manda lhe dizer que conta com o general Kruel, com quem conversou francamente. Pede que o senhor transmita isso confidencialmente a seus amigos militares de alto nível."[169]

No dia seguinte, foi à casa de Adauto Lúcio Cardoso, deputado federal da UDN, para se reunir com o advogado Sobral Pinto, a quem pediu que assinasse o pedido de impeachment de João Goulart. Este concordou, mas pediu segredo. No mesmo dia, foi à casa de Ademar de Queiroz para um novo encontro com Castello Branco, relatado em seu diário no dia 29 de março, às vésperas do golpe:

> Há alguns dias, 15 ou 16 dêste, em casa do Adauto, que se achava doente, reunimo-nos com A. Salazar e Sobral Pinto. Pedimos a este que representasse à Câmara para o impeachment de JG [João Goulart]. Ele concordou, pedindo estrito segredo, mto. embora tivesse filho e genro diplomatas, expostos à perseguição. Adauto beija sempre a mão de Sobral, que exerce sobre ele grande ascendência. Eu entreguei a minuta da representação que fiz por determinação do P[edro].Aleixo e Salazar prometeu os dados s/ GB.
>
> À tardinha, fui à casa de AQ [Ademar de Queiroz], onde se deveria reunir a nós H.C.B[Humberto **Castello Branco**]. **Perguntei-lhes se havia inconveniente no impeachment. H.C.B [Humberto Castello Branco] achou inoportuno, porq[ue]. poderia provocar Greve Geral.** Disse-me que Costa e Silva advertira Jair R[ibeiro] de modo incisivo e o [ilegível] assegurar que JG não faria inconveniências. Ele espera contar com A[mauri] Kruel. Lembrei-o de que tanto ele qto[quanto] AQ[Ademar

---

[168] Arquivo Aliomar Baleeiro. AB pi Baleeiro, A. 1910.00.00, grifo nosso.

[169] VIANA FILHO, 1986, p. 10.

de Queiroz] não toleram AK[Amauri Kruel]. Mas a informação confere com a do Pᵉ.[Padre] J. Balieiro, em SP, na madrugada de 14/3.

Disse, então a H.C.B. que, na hipótese de liquidar-se JG, o Congresso elegeria o sucessor indiretamente e, nesse caso, Bilac e eu achávamos que ele era o homem indicado pa[ra]. A presidência. Não respondeu diretamente, tomando atitude evasiva. Mas pareceu-me que gostou.. Disse-me que a solução estava próxima.

Mais ou menos ao meio-dia, H. Levy telefonou de SP[São Paulo], em inglês, pedindo que transmitira a BPt.[Bilac Pinto] que lá tudo estava 100% - AB [Ademar de Barros] e AK [Amauri Kruel] e que era para aquela noite mesmo. Cumpri a missão e, pelas dúvidas, comuniquei a AQ [Ademar de Queiroz]. Ele resp[ondeu]. que era pa[ra]. 72h. Não se precipitassem.

H[erbert]. Levy voltou a telef.[onar] perg. se havia tanques na rua, como anunciasscm em SP, não, resp. depois de pedir a [ilegível] que [ilegível] as [mas] até a Central. Nenhum embaraço foi oposto aos telef[ones]. Inter-estaduais. Mas os boatos fervilhavam. O gen. Porfírio Fraga Brandão agitadíssimo. Boatos de levante na vila e de ataque dos oficiaes aos navios pa[ra]. tomá-los. Verifiquei a improcedência. Agostinho Reto, do C[orreio da].Manhã, telef[onou]. ansioso. Todos os telef[ones]. dos polit[icos]. e oficiaes amigos dele ainda continua em comunicação. Nada disse, exato o projetado discurso de Ant[onio] Carlos, que já está aqui encomendou com o texto. H[erbert] Levy queria que Bilac confirmasse a promessa de cobertura legal feita aos "técnicos" de SP [São Paulo]. — Confirmei, depois de ouvir BP [Bilac Pinto]: teriam a cobertura no Congresso.[170]

---

[170] Arquivo Aliomar Baleeiro. AB pi Baleeiro, A. 1910.00.00, grifo nosso.

Sua participação na TV-Tupi, importante canal de televisão, logo após o comício de 13 de março na Central do Brasil, indica a representatividade que havia em torno de seu nome. Apesar de não relatar o que falou na televisão acerca do comício, é possível considerar, partindo das informações obtidas até então, que sua posição foi de absoluta oposição à atuação de João Goulart. Além desse ponto, foi encarregado por meio de telefonemas e encontros de transmitir mensagens de crucial importância para os acontecimentos, dizendo, inclusive, ter cumprido sua missão.

4. Do dia do golpe: 31 de março de 1964

Após o relato do dia 29 de março, Aliomar Baleeiro escreve somente no dia 5 de abril, com a letra corrida (dificultando inclusive a transcrição). Escreve longas páginas sobre os acontecimentos de 31 de março e a posterior situação do país. Uma fonte como esta, na qual um ator político estrategicamente situado relata sua opinião, é de extrema importância para a historiografia do período. A relação de Aliomar Baleeiro com Castello Branco ganha contornos ainda mais fortes no momento de construção do novo regime, o que nos ajuda a compreender sua representação no desenvolvimento de sua legitimação. Alguns trechos exemplificam sua opinião:

> **Chegamos a Brasília a 30 e todos os deputados da UDN já sabiam de todo o esperado e [ilegível] falavam abertamente.** No aeroporto dei carona (no Rio, a 30) a Tancredo [Neves] e Martins Rodrigues. Este deu entrevista forte contra JG [João Goulart]: bom sinal, porq[ue] PSD não aceita cheque sem fundos nem visa. Não houve senão na norte 2300 JG [João Goulart] falou aos sarg[entos]. A 31, Carlos C[astelo]. Bco[Branco]. quase que descreve claramente alerta iminente: — o ambiente da Câmara estava nitidamente resumido no artigo dele. À tarde, Ant[onio] Carlos fez o discurso dos bens de Jango. Depois, o PTB [ilegível] ou ameaçou. Doutel [de Andrade] disse que quem botasse cabeça de fora tê-la-ia decepada. Almino Afonso [ilegí-

vel] à noite de 30 recebeu resposta fulminante do Pe. [Godinho], num admirável improviso. Afonso interpelava-o porq[ue]. não reprimira a atitude do dep[utado] Pe[Padre] Vidigal ([ilegível]mai-vos uns aos outros!). A declaração de guerra de Mg[Magalhães] Pt[Pinto] por Minas, seguiu-se à noite a de Ademar [de Queiroz] (30). Vem a notícia do levante do gen. O.Mourão[Olimpo Mourão Filho] (MF), seguido do [Amauri] Kruel, que Doutel [de Andrade] desmentiu. Mas já os rádios publicavam os termos da proclamação de [Amauri] Kruel. Depois, veio a **de** Pernambuco, com o gen.[general] Justino Alves, que prendeu o gov[ernador]. Arrais.

À tarde de 31, já os telef[ones]. não falavam de Brasília pa[ra]. os Estados, nem desciam os aviões. Ficamos sem os jornais. O povo esgotava o stock dos supermercados. Pelo rádio, à tarde, na sede da UDN, revia-se o CL [Carlos Lacerda], que se dizia cercado pelos fuzileiros. Acompanhavam as [ilegível] da Rede de Democracia em MG [Minas Gerais] e, em certa altura, veio a notícia de q[ue]. os fuzileiros atacavam o Palácio GB [Guanabara]. Houve um momento de angústia. Nesse momento, observou-se que um helicóptero descia na pca[praça]. dos Três Poderes. Subiu a bandeira no Palácio do Planalto, indicando q[ue]. JG[João Goulart] lá estava. Duas ou três horas depois, o helicóptero levantava vôo com ele.

Às 17h de 1º, já se ouvia CL [Carlos Lacerda] nas rádios do Rio, mas Brizola ameaçava céus e terras na "Farroupilha" de Pt[Porto]. Alegre, **onde esperávamos que o 3º Exército aderisse.**

A [rádio] Mayrink Veiga que pedia [ilegível] p[ara]. **nós** silenciou à noitinha. Mas a Rede da Democracia tocava mtas[muitas] marchas militares, o que me deixava perplexo. Às 18h, CL[Carlos Lacerda] e AB [Ademar de Barros], de seus respectivos Estados, proclamaram a vitória e diziam q[ue]. JG[João Goulart] fugira. Mas Brasília continuava em poder de JG[João Goulart] e as rádios locais apelavam para que o povo fosse receber armas no Teatro. Fizeram isso desde manhã e continuaram à noite. Ouvi uma voz de estrangeiro que se dizia pastor da Igreja Católica Apostólica Brasileira do Bispo de Moura, apelando pa[ra]. o povo no sentido de que se armasse. Lá perto da ½[meia] noite, Auro [de Moura Andrade] convocara sessão do Congresso pa[ra]. 1h da madrugada. Na realidade, reuniu-se as 3h 15 do dia 2. Auro [de Moura Andrade], pálido, [ilegível] a sessão, pa[ra] uma comunicação de extrema importância em relação ao país. [b?] Bocaiúva o interrompeu, dizendo que o gov[ernador]. [Mauro]

Borges fora preso. Resp[ondeu]. Auro que o assunto era estranho à convocação. Sérgio levantou questão de ordem de que o Congresso, pelo Regm[Regimento] Comum, não poderia ser convocado em sessão conjunta senão pa[ra] renúncia de Jango.

Objetou [ilegível] q. a mesa deveria resolver conclusivamente. Auro [de Moura Andrade] invocou o precedente e disse q[ue]. o Pres[idente]. da Rep[ública]. Havia deixado o cargo. "Mentira! Mentira!" Berreiros dos PTB's.[171]

No artigo que escreveu sobre Castello Branco[172], Aliomar Baleeiro relata ter falado com o general somente após sua eleição pelo Congresso Nacional no dia 11 de abril de 1964, sem citar o convite feito por Castello para redigir seu discurso de posse. Porém, no diário, descreve esse importante ponto na discussão dessa relação. No dia 12 de abril de 1964, diz:

No dia 13 ou 14 L[uis]. Vianna Filho., que na véspera me comunicara o convite p a casa civil, pediu-me q[ue] fizesse o discurso de posse, recomendado pelo Gen. C. Bco. [Castello Branco], entregando-me uma fl.[folha] de bloco do Min[istério] da Guerra, onde

---

[171] *Ibidem.*
[172] VIANA FILHO, 1986.

> havia a recomendação de dizer que cumprirá o juramento em [ilegível] — cumpriria a Const.[ituição] e o Ato Institucional. E.G. [Ernesto Geisel] assumiria o comando em chefe das Frs. [Forças] Armadas. O discurso deveria explicar que o novo governo seria sensível às massas pobres. Redigi 3 fls [folhas] e ½ [meia] que Darly [Baleeiro] datilografou no dia 14. HCB [Humberto de Alencar Castello Branco] aproveitou 95% e declarou que era "o órgão da aspiração e ideais do povo brasileiro". Suprimiu a alusão ao Ato Institucional, que ele mesmo ordenara fosse incluída. Acrescentou uma palavra favorável à empresa privada e as zonas subdesenvolvidas do país.[173]

Ao ser convidado para redigir o discurso de posse de Castello Branco, Aliomar Baleeiro consolida sua relação com o primeiro presidente militar, que vai permear todo o seu governo. Após sua eleição para presidente, Baleeiro escreveu um bilhete a Ademar de Queiroz sobre o assunto:

> Quando cheguei ao Rio, Ademar de Queiroz me telefonou, referindo-se ao bilhete e participando-me que Castello Branco estava a seu lado e queria dar-me uma palavra. Ele me disse: 'Dr. Baleeiro, não me esqueço de que o senhor foi a primeira pessoa que se lembrou de mim para presidente da República. Mas também não esqueço de que o senhor me disse que 'não era pra ficar'. Afirmo-lhe que não ficarei.[174]

Com a exposição da relação entre Aliomar Baleeiro e Castello Branco, visamos ilustrar a relação entre atores políticos civis e militares, que, imbuídos de uma mesma perspectiva ideológica, consolidaram uma "congruência" organicamente produzida pelas classes dominantes. Essa compatibilidade ideológica fica evidente nas opiniões acerca da guerra revolucionária, traduzida nos meios militares por Castello Branco enquanto chefe do Estado-Maior do Exército, que integrarão os termos da Doutrina de Segurança

---

[173] Arquivo Aliomar Baleeiro. AB pi Baleeiro, A. 1910.00.00.

[174] VIANA FILHO, 1986, p. 12.

Nacional que permeará todo o período. Os diários ajudam a entender como se deu a formação de uma coalizão empresarial-militar com o objetivo de derrubar o governo nacional-reformista de João Goulart. A relação entre ambos terá, ao longo do primeiro ano do governo Castello Branco, importância na legitimação do golpe e na confirmação de Aliomar Baleeiro como intelectual orgânico da coalizão agora no poder, sendo convidado pelo presidente a assumir, em 1965, o cargo de ministro do Supremo Tribunal Federal.

CONCLUSÃO – NOTAS FINAIS

Aliomar Baleeiro manteve suas relações com os membros da elite orgânica após o golpe de 1964. Permaneceu no cargo de deputado federal com mandato até 1967. Diante dos acontecimentos imediatamente posteriores, manifestou sua opinião acerca do sucesso da Revolução, criticando, porém, os termos do primeiro Ato Institucional (9/4/1964), em discurso dia 10 de abril na Câmara dos Deputados, que merece destaque no fechamento de nossa análise, pois resume a sua perspectiva:

> Sempre tive como solução melhor para o país que o Sr. João Goulart cumprisse o seu mandato, bem ou mal, aos trancos e barrancos, e transmitisse o Poder em 31 de janeiro de 1966 ao seu sucessor legítimo. Era incontestavelmente esta a melhor fórmula.[..] O Sr. João Goulart não quis assim. Foi o que aconteceu, e todos já sabemos.[...] quando, enfim, a situação era insuportável, e me havia convencido da inteira possibilidade de o Congresso aplicar-lhe as medidas constitucionais para os Presidentes egressos das condições da Lei, **desejei esta revolução. Desejei-a ardentemente [...] Estava, pois, e ainda continuo e pretendo até o fim continuar, se for possível, solidário com esta revolução.**[...] Desejaria ter vivido e viver num país em que não fosse necessário conspirar-se, nem tomarem-se armas contra governos maus. Desgraçadamente esta é a sina do Brasil. E eu com isso me exonero de culpa por ter já conspirado algumas vezes em minha vida. Poucos homens da minha geração poderão jogar pedras e esses que jogarem o farão apenas pelo comodismo, talvez por covardia. Não quiseram, em certo momento, assumir os riscos de uma conspiração ou de uma revolução.[175]

---

[175] BALEEIRO, Aliomar. Discurso na Câmara dos Deputados. **Diário do Congresso Nacional**, Seção I, Brasília, 11/04/1964. p. 2278-2279.

Aliomar Baleeiro continua seu discurso, falando sobre a cassação de mandatos:

> Tenho feito justiça às Forças Armadas inúmeras vezes, e ainda desta devo reconhecer o seu completo desinteresse de apossar-se do poder, usufruí-lo. [...] Sou, pois, insuspeito para apreciar a situação e o Ato Institucional.[...] **Devo dizer também que não tenho o menor escrúpulo na aplicação da cassação de mandatos, isto é, sou homem de cassar mandatos.**[...] Não é possível que 1, 2, 3, 10, 20 deputados tornem um empecilho ao funcionamento de uma Câmara.[...] De sorte que estou solidário com a Revolução. Acho que ela deve produzir todos os seus efeitos. Acho que as Revoluções como os Exércitos vitoriosos devem fazer a limpeza do terreno, ou, então, não são revoluções. Acho que elas rompem a ordem jurídica. Se rompem cinco centímetros dessa ordem, devem romper, se necessário, mais cinco. Tese que não sustento agora.[176]

Ainda no mesmo discurso, fala sobre o Ato Institucional:

> Todavia Sr. Presidente, não foi com prazer, não foi com alegria, não foi com tranqüilidade de coração que eu li o 'Ato Institucional' de ontem, Sobretudo o que li no prefácio, no exórdio daquele ato. [...] O ato está miseravelmente escrito. Não está no vernáculo. [...] Sr. Presidente, a tese do Ato Institucional é a de que as revoluções têm o poder constituinte. Elas falam também em nome do povo e, então, baseados nesse princípio, os ministros militares subscrevem aquele documento, afirmando que só por ato deles persevera, persiste, perdura a Constituição, do mesmo modo que perseveram, perduram e permanecem os mandatos dos deputados.[...] Outro ponto é aquela doutrina do Ato Institucional que diz que não está legitimada a revolução, o Comando pelo Congresso, mas que o ato é que legitima o Congresso.[...] pessoalmente, individualmente, meu

---

[176] *Ibidem*, grifo nosso.

mandato não é legitimado pelo Comando Revolucionário.[...] Meu mandato não! Este é do povo.[81]

E fecha o discurso apoiando as Forças Armadas, dizendo ser sua oposição aos termos do Ato Institucional apenas uma advertência:

> Desejo, Sr. Presidente, que os bravos oficiais, todos eles merecedores do meu apreço, da minha simpatia, da minha gratidão, os bravos oficiais que na tormenta dos meandros jurídicos assinaram aquele papel, compreendam que vai aqui uma advertência de um democrata, de um combatente de todas as horas, de um homem que deseja realmente a restauração das instituições brasileiras na base mais livre, mais alta, mais nobre e sabe que para isso é imprescindível o apoio das Forças Armadas.[177]

Esse discurso demonstra a opinião de Aliomar Baleeiro naquele momento, mostrando a "congruência orgânica" entre militares e civis que pretendemos apontar em nossa análise. Em texto encontrado em seu arquivo em homenagem aos dez anos de morte de Castello Branco, portanto com um distanciamento dos acontecimentos, podemos ver sua posição frente ao período. Neste texto reitera sua aproximação e admiração pelo primeiro presidente militar e confirma seu apoio ao movimento:

> **Admito a minha suspeição porque quis a Revolução e cedo procurei demonstrar a necessidade, digo mesmo a fatalidade dela ao general Castello em sua casa e na do Marechal Ademar de Queiroz,** mas creio que não falto à verdade histórica reconhecendo naquele brasileiro íntegro, culto e lúcido um dos poucos que mereceram a qualificação de estadistas nos quase 90 anos da República. É preciso lembrar isso, neste decênio de esperança de que a Revolução desgarrada se redima pela volta às fontes puras que a inspiraram e lhe deram vitória.[178]

---

[177] BALEEIRO, 1964, p. 2279.

[178] Arquivo Aliomar Baleeiro. AB pi Baleeiro, A. 1974.00.00/4, grifo nosso.

O fim deste trecho nos possibilita apontar a posição de Aliomar Baleeiro ao longo da ditadura militar. Sua proximidade a Castello Branco durante seu governo lhe rendeu uma indicação à vaga de ministro do Supremo Tribunal Federal em 1965, quando o número de ministros dessa casa foi ampliado em cinco por medida determinada pelo Ato Institucional n.º 2, em 25 de outubro desse ano. Baleeiro deixou o cargo de deputado federal para assumir sua cadeira na mais alta corte de justiça no país. Podemos considerar essa indicação, eminentemente política, como mais uma demonstração da representatividade de Aliomar Baleeiro e de sua posição como porta-voz da elite orgânica agora no poder. Sua atuação frente ao STF, cargo que ocupou até 1975, pode ser um caminho de pesquisa futura, visando trabalhar com os desdobramentos da elite orgânica ao longo do período ditatorial. Podemos indicar algumas de suas atitudes, como a oposição ao Ato Institucional n.º 5, como fica evidente no final do último trecho destacado quando Aliomar Baleeiro fala de "oposição desgarrada".

Em relação à nossa proposta inicial, consideramos termos obtido resultados positivos ao longo de todo o estudo. Por meio das fontes utilizadas, demonstramos nossa proposta, trabalhando sempre com o embasamento teórico escolhido. Com isso, foi possível constatar a relação de Aliomar Baleeiro com civis e militares ao longo do processo de crise que levou ao golpe de 1964, caracterizado por um esforço da classe dominante. Por meio da trajetória de vida de Aliomar Baleeiro e da utilização de fontes primárias inéditas, contribuímos para a historiografia do período com um estudo de caso que nos abre possibilidades de pesquisa bastante interessantes. Ao longo do trabalho, reconstruímos a rede de relações do nosso principal ator político, Aliomar Baleeiro, pontuando na escolha de alguns temas e personagens que puderam contribuir para a nossa proposta. A relação de Aliomar Baleeiro com Bilac Pinto ficou mais bem construída, pois possuíamos documentação que possibilitou uma análise por meio da demonstração de sua opinião, expressada no livro *Guerra Revolucionária*[179]. Ficou mais evidente a relação

---

[179] PINTO, 1964.

entre ambos, principalmente pela quantidade maior de encontros e telefonemas que trocaram. A proximidade entre Aliomar Baleeiro e Castello Branco foi demonstrada, porém seria interessante aprofundar as questões relativas às teses de guerra revolucionária no pensamento de Castello, pouco evidenciada nos diários políticos. Esta seria uma interessante indicação de pesquisa, na medida em que contribuiria para a compreensão das teses de guerra revolucionária no meio civil, partindo de concepções militares.

Sobre o estudo acerca das teses de guerra revolucionária adotadas pelo meio civil, constatamos pouca atenção das ciências sociais para essa temática, o que nos trouxe dificuldades de encontrar bibliografia sobre o assunto. No presente trabalho, indicamos algumas partes das teorias que envolvem a concepção das teses de guerra revolucionária, sendo interessante relacionar melhor tais posições teóricas. Como indicação de pesquisa, consideramos o aprofundamento de tais estudos como essenciais para a compreensão do período, sendo interessante a extensão desta análise para períodos posteriores, relacionando as teses de guerra revolucionária com a Doutrina de Segurança Nacional, principalmente no meio civil. Esse ponto, como demonstramos na discussão bibliográfica na introdução deste trabalho, não tem merecido muita atenção. Em geral, os estudos evidenciam incessantemente as questões sobre Segurança Nacional, sem levar em consideração a influência de tais teses na construção do regime militar.

Além dessas observações, devemos ressaltar que foi utilizado neste trabalho somente um dos sete volumes que compõem os diários políticos de Aliomar Baleeiro. Essa fonte não se esgota neste estudo e possibilita o desenvolvimento de diversas análises historiográficas, complementadas, inclusive, pelos demais documentos que compõem seu acervo. Novos estudos em diferentes fontes podem nos ajudar a compreender a formação da "congruência orgânica" que possibilitou a conquista do Estado em 1964 por setores da classe dominante nacional, como pretendemos ter feito neste estudo através de Aliomar Baleeiro, contribuindo dessa maneira para a historiografia do período, que vem sendo pautada por teorias revisionistas que reduzem muitas vezes suas explicações a análises superficiais.

REFERÊNCIAS

Arquivo

Arquivo Aliomar Baleeiro. Centro de Pesquisa e Documentação em História Contemporânea do Brasil (CPDOC).

Livros e artigos

ABREU, Alzira Alves de (coord.). **Dicionário Histórico-Biográfico Brasileiro pós-1930**. Rio de Janeiro: FGV Editora, 2001.

ALIAGA, Luciana. Gramsci e a democracia: o debate com a teoria das elites nos Cadernos do Cárcere. *In*: ENCONTRO ANUAL DA ANPOCS: Associação Nacional de Pós-Graduação e Pesquisa em Ciências Sociais, 38., 2014, Caxambu. **Anais** [...]. Caxambu: ANPOCS, 2014.

ALIAGA, Luciana; BIANCHI, Alvaro. Pareto e Gramsci: itinerários de uma ciência política italiana. **Análise Social**, Lisboa, n. 203, p. 322-342, 2012.

ALVES, Maria Helena Moreira. **Estado e oposição no Brasil (1964-1984)**. São Paulo: EDUSC, 2005.

ARAÚJO, Rodrigo Nabuco de. A influência francesa dentro do Exército brasileiro (1930-1964): declínio ou permanência? **Revista Esboços**, v. 15, n. 20, 2008.

ARAÚJO, Rodrigo Nabuco de. **Conquête des espirits et le commerce des armes**: La diploma- tie militaire française au Brésil, 1945-1974. 2011. Tese (Doutorado em História) – Université de Toulouse 2, Le Mirail, Toulouse (Fr), 2011.

ARAÚJO, Rodrigo Nabuco de. Guerra revolucionária: afinidades eletivas entre oficiais brasileiros e a ideologia francesa (1957 – 1972). *In*: **D'ARAÚJO, Maria Celina; SOARES, Samuel Alves; MATHIAS, Suzeley**

Kalil (org.). Defesa, Segurança Internacional e Forças Armadas (I Encontro da ABED). Campinas: Mercado de Letras, 2008. p. 189-204.

ARÊAS, João Braga. **Conservadores em ação:** a UDN entre 1961 e 1965. 2005. Dissertação (Mestrado em História) – UFF, Niterói, 2005.

ARRUDA, Antônio. **ESG:** a história de sua doutrina. São Paulo: GRD; Brasília: INL, 1980.

ASSOCIAÇÃO DOS DIPLOMADOS DA ESCOLA SUPERIOR DE GUERRA. **Manual dos Cursos,** 1973.

BALEEIRO, Aliomar. Discurso na Câmara dos Deputados. **Diário do Congresso Nacional,** Seção I, Brasília, 11/04/1964.

BATISTA, Francieli Martins. **Crise do capital e reordenamento político-econômico:** o fim de Bretton Woods e o esgotamento do "milagre" brasileiro. 2018. Dissertação (Mestrado em Ciências Sociais) – Faculdade de Filosofia e Ciências, Universidade Estadual Paulista (Unesp), 2018.

BENEVIDES, Maria Victória de Mesquita. 1964: um golpe de classe? (Sobre um livro de René Dreifuss). **Revista Lua Nova,** v. 58, p. 255-261, 2003.

BENEVIDES, Maria Victoria de Mesquita. **A UDN e o udenismo.** Rio de Janeiro: Paz e Terra, 1981.

BENEVIDES, Maria Victoria. Banda de Música. *In:* ABREU, Alzira Alves de (coord.). **Dicionário Histórico-Biográfico Brasileiro pós-1930.** Rio de Janeiro: FGV Editora, 2001. p. 490-492.

BOBBIO, Norberto e outros. **Dicionário de Política.** Brasília: Editora UNB, 2008. v. 2.

BORTONE, Elaine de Almeida. **A participação do Instituto de Pesquisas e Estudos Sociais (IPES) na construção da reforma administrativa na ditadura civil-militar (1964-1968).** 2013. Dissertação (Mestrado em Administração Pública) – Universidade Federal Fluminense, Niterói, 2013.

BORTONE, Elaine de Almeida. A presença de empresários do Instituto de Pesquisas e Estudos Sociais (IPES) nas empresas estatais federais: o caso do setor financeiro (1964-1967). *In:* PICCOLO, Monica (org.). **Ditaduras e Democracias no Mundo Contemporâneo. Rupturas e Continuidades.** 1. ed. São Luiz: Editora UEMA, 2016. v. 1, p. 73-101.

BORTONE, Elaine de Almeida. **O Instituto de Pesquisas e Estudos Sociais (IPES) e a ditadura empresarial-militar:** os casos das empresas estatais federais e da indústria farmacêutica (1964-1967). 2018. Tese (Doutorado em História Social) – Universidade Federal do Rio de Janeiro, Rio de Janeiro, 2018.

BOTTOMORE, Tom. **Dicionário do pensamento marxista.** Rio de Janeiro: Zahar, 1988.

BRANDÃO, Rafael Vaz da Motta; CAMPOS, Pedro Henrique Pedreira (org.). **Dimensões do Empresariado Brasileiro:** história, organizações e ação política. Rio de Janeiro: Consequência, 2019.

BRANDÃO, Rafael Vaz da Motta; CAMPOS, Pedro Henrique Pedreira; LEMOS, Renato Luis do Couto Neto e (org.). **Empresariado e Ditadura no Brasil.** Rio de Janeiro: Consequência, 2020.

BRANDÃO, Rafael Vaz Mota. **ABDIB e a Política Industrial no Governo Geisel (1974-1979).** Texto apresentado ao Polis. Niterói: UFF, 2007.

BRANDÃO, Rafael Vaz Mota. **O Negócio do Século:** o acordo de cooperação nuclear Brasil - Alemanha. 1. ed. Rio de Janeiro: Autografia, 2017. v. 1.

BRANDÃO, Rafael Vaz Mota; CAMPOS, Pedro Henrique P. (org.). **Os Donos do Capital:** a trajetória das principais famílias do capitalismo brasileiro. 1. ed. Rio de Janeiro: Autografia, 2017.

BRASIL, Rafael do Nascimento Souza. **A Fundação Getúlio Vargas:** intelectualidade orgânica e modernização conservadora (1951-1967). 2020. Tese (Doutorado em História Social) – Universidade Federal do Rio de Janeiro, Rio de Janeiro, 2020.

BRAUDEL, Fernand. **La Méditerranée et le monde méditerranéen à l'époque de Philippe II.** Paris: Armand Colin, 1949.

CAMPOS, Pedro Henrique Pedreira. "**Estranhas Catedrais**": as empreiteiras brasileiras e a ditadura civil-militar, 1964-1988. Niterói: Eduff, 2014a.

CAMPOS, Pedro Henrique Pedreira. A diplomacia das empreiteiras: o apoio do Itamaraty à internacionalização das construtoras brasileiras durante a ditadura empresarial-militar. **Revista del CESLA**, v. 28, p. 55-74, 2022b.

CAMPOS, Pedro Henrique Pedreira. Empresariado e ditadura no Brasil: fontes, métodos e historiografia. **Sillogés**, v. 3, p. 15-42, 2020a.

CAMPOS, Pedro Henrique Pedreira. Empresários e Estado no Brasil na transição da ditadura para a democracia: o caso dos empreiteiros de obras públicas. **Revista de História da Unisinos**, v. 22, p. 478-489, 2018a.

CAMPOS, Pedro Henrique Pedreira. Empresários, ditadura e política externa brasileira. **Revista Continentes**, v. 4, p. 112-137, 2014c.

CAMPOS, Pedro Henrique Pedreira. Empresas e ditadura, o outro lado: Os grupos econômicos perseguidos pelo regime civil-militar brasileiro: O caso das empreiteiras. **Varia Historia**, v. 39, p. 1-34, 2023.

CAMPOS, Pedro Henrique Pedreira. O empresariado, Defim Netto e a ditadura civil-militar brasileira. **Revista Continentes**, v. 9, p. 227-255, 2020b.

CAMPOS, Pedro Henrique Pedreira. O processo de transnacionalização das empreiteiras brasileiras, 1969-2010: uma abordagem quantitativa. **Tensões Mundiais (Impresso)**, v. 10, p. 103-123, 2014b.

CAMPOS, Pedro Henrique Pedreira. **O Voo do Ícaro**: a internacionalização das construtoras brasileiras durante a ditadura empresarial-militar (1968-1988). 1. ed. Jundiaí: Paco, 2022a.

CAMPOS, Pedro Henrique Pedreira. Outras dimensões de 1968: o AI-5 enquanto instrumento de política econômica. **Revista Ars Histórica**, v. 17, p. 1-17, 2018b.

CAMPOS, Pedro Henrique Pedreira; COSTA, Alessandra; SILVA, Marcelo Almeida de Carvalho. A Volkswagen e a ditadura: a colaboração da montadora alemã com a repressão aos trabalhadores durante o regime civil-militar brasileiro. **Revista Brasileira de História (Impresso)**, v. 42, p. 141-164, 2022.

CAMPOS, Pedro Henrique Pedreira; VASCONCELOS, Claudio Bessera. A aliança empresarial-militar e a ditadura brasileira: a atuação de empresários em escolas militares e de integrantes das forças armadas em companhias privadas durante o regime pós-1964. **Brasiliana: Journal for Bazilian Studies**, v. 10, p. 200-220, 2021.

COUTINHO, Amélia. Hermes Lima. *In:* ABREU, Alzira Alves de (coord.). **Dicionário Histórico-Biográfico Brasileiro pós-1930**. Rio de Janeiro: FGV Editora, 2001. p. 3150-3154.

CRUZ, Sebastião Velasco e. **Empresariado e Estado na transição brasileira**: um estudo sobre a economia política do autoritarismo (1974-1977). Campinas: Editora da Unicamp, 1995.

DREIFUSS, René. **1964, A conquista do Estado**: ação política, poder e golpe de classe. Petrópolis (RJ): Vozes, 2006.

DREIFUSS, René. **A internacional capitalista**: estratégias e táticas do empresariado transnacional (1918-1986). Rio de Janeiro: Espaço e Tempo, 1986.

DULCI, Otávio. **A UDN e o anti-populismo no Brasil**. Belo Horizonte: UFMG, 1986.

DULLES, John W. F. **Castello Branco**: o caminho para a presidência. Rio de Janeiro: José Olympio, 1979.

ESCOLA SUPERIOR DE GUERRA. **Manual Básico (1977-1978)**.

FERNANDES, Florestan. Revolução ou contra-revolução. *In:* FERNANDES, Florestan. **Brasil em compasso de espera**. São Paulo: Hucitec, 1980.

FICO, C. Ditadura militar brasileira: aproximações teóricas e historiográficas. **Revista Tempo e Argumento**, Florianópolis, v. 9, n. 20, p. 5-74, 2017.

FONTES, Virginia. **O Brasil e o capital-imperialismo**: teoria e história. Rio de Janeiro: Editora UFRJ, 2010.

FRAGOSO, Heleno. Lei de segurança nacional. **Dicionário Histórico--Biográfico Brasileiro**. Disponível em: https://www18.fgv.br/CPDOC/acervo/dicionarios/verbete-tematico/lei-de-seguranca-nacional. Acesso em: 15 out. 2023.

GASPARI, Elio. **A ditadura encurralada**. São Paulo: Companhia das Letras, 2004.

GONÇALVES, Daniel Accioly. **A influência doutrinária francesa no pensamento do exército brasileiro (1955 – 1961)**. 2013. Dissertação (Mestrado em História Social) – Universidade Federal do Rio de Janeiro, Rio de Janeiro, 2013.

GRAMSCI, Antonio. **Cadernos do cárcere**. 4. ed. Rio de Janeiro: Civilização Brasileira, 2006a. v. 2.

GRAMSCI, Antonio. **Cadernos do cárcere**. 4. ed. Rio de Janeiro: Civilização Brasileira, 2006b. v. 3.

GRAMSCI, Antonio. **Os intelectuais e a organização da cultura**. 8. ed. Rio de Janeiro: Civilização Brasileira, 1991.

HOEVELER, Rejane Carolina. **(Neo)liberalismo, democracia e "diplomacia empresarial"**: a história do Council of the Americas (1965-2019). 2020. Tese (doutorado em História) – Universidade Federal Fluminense, 2020.

HOEVELER, Rejane Carolina. **As elites orgânicas transnacionais diante da crise**: os primórdios da Comissão Trilateral (1973-1979). 2015. Dissertação (Mestrado em História) – Universidade Federal Fluminense, 2015.

JOFFILY, Mariana. Aniversários do golpe de 1964: debates historiográficos, implicações políticas. **Revista Tempo e Argumento**, Florianópolis, v. 10, n. 23, p. 204-251, 2018.

LAMARÃO, Sérgio. Revolta dos Sargentos. *In: In:* ABREU, Alzira Alves de (coord.). **Dicionário Histórico-Biográfico Brasileiro pós-1930**. Rio de Janeiro: FGV Editora, 2001. p. 4992-4993.

LAMARÃO, Sérgio; MONATALVÃO, Sérgio. Clube Militar. *In:* ABREU, Alzira Alves de (coord.). **Dicionário Histórico-Biográfico Brasileiro pós-1930**. Rio de Janeiro: FGV Editora, 2001. p. 1383- 1389.

LEMOS, Renato Luis do Couto Neto e. Contrarrevolução e ditadura: ensaio sobre o processo político brasileiro pós-1964. **Marx e o Marxismo**, Niterói, v. 2, n. 2, p. 111-138, jan./jul. 2014.

LEMOS, Renato Luis do Couto Neto e. **Ditadura, anistia e transição política no Brasil 1964-1979**. Rio de Janeiro: Consequência, 2018.

LEMOS, Renato. Anistia e crise política no Brasil pós-1964. **Topoi**, Rio de Janeiro, n. 5, p. 289, set. 2002.

LOUREIRO, Felipe Pereira. **Empresários, Trabalhadores e Grupos de Interesse**: a política econômica nos governos Jânio Quadros e João Goulart, 1961-1964. São Paulo: Edunesp, 2017.

MAGALHÃES, Viviane de Fatima. **Antônio Delfim Netto**: trajetória acadêmica, interface junto ao empresariado e atuação como ministro da ditadura de um intelectual orgânico da burguesia brasileira (1948-1973). 2019. Dissertação (Mestrado em História) – Universidade Federal Rural do Rio de Janeiro, Seropédica, 2019.

MARQUES, Marlon Rodrigues. **Nos átrios do golpismo**: associações civis empresariais e religiosas católicas na desestabilização do governo de João Goulart (1958-1964). 2020. Dissertação (Mestrado em História) – Universidade Federal Rural do Rio de Janeiro, Seropédica, 2020.

MARTINS FILHO, João Roberto. **A educação dos golpistas: cultura militar, influência francesa e golpe de 1964**. Apresentado no Congresso "The cultures of dictatorship", na University of Maryland, Estados Unidos, 2004.

MARTINS FILHO, João Roberto. A influência doutrinária francesa sobre os militares brasileiros nos anos de 1960. **Revista Brasileira de Ciências Sociais**, v. 23, n. 67, jun. 2008.

MARTINS FILHO, João Roberto. Tortura e ideologia: os militares brasileiros e a doutrina de guerre revolutionnaire (1959-1974). *In*: SANTOS, Cecília MacDowell; TELES, Edson; TELES, Janaína de Almeida. (org.). **Desarquivando a ditadura**: memória e justiça no Brasil. São Paulo: Aderaldo & Rothschild Editores, 2009.

MARTINS, Luciano. **Estado Novo**. Dicionário Histórico Biográfico Brasileiro. Disponível em: https://www18.fgv.br/CPDOC/acervo/dicionarios/verbete-tematico/estado-novo. Acesso em: 15 out. 2023.

MATTOS, Marcelo Badaró. As bases teóricas do revisionismo: o culturalismo e a historiografia brasileira contemporânea. *In:* MELO, Demian Bezerra de (org.). **A miséria da historiografia**: uma crítica ao revisionismo contemporâneo. Rio de Janeiro: Consequência, 2014b. p. 67-98

MATTOS, Marcelo Badaró. O sentido de classe do golpe de 1964 e da ditadura: um debate historiográfico. *In:* ZACHARIADHES, Grimaldo Carneiro (org.). **1964**: 50 anos depois – a ditadura em debate. Aracaju: EDISE, 2015. p. 35-83.

MATTOS, Marcelo Badaró; VEGA, Rubén (org.). **Trabalhadores e Dituduras**: Brasil, Espanha e Portugal. Rio de Janeiro: Editora Consequência, 2014a.

MAYER, Arno. **Dinâmica da contra-revolução na Europa**: 1870-1956. Rio de Janeiro: Paz e Terra, 1977.

MELO, Demian Bezerra de (org.). **A miséria da historiografia**: uma crítica ao revisionismo contemporâneo. Rio de Janeiro: Consequência, 2014.

MELO, Demian Bezerra de; SENA Júnior, Carlos Zacarias de; CALIL, Gilberto Grassi (org.). **Contribuição à Crítica da Historiografia Revisionista**. Rio de Janeiro: Consequência, 2017.

MELO, Demian. A miséria da historiografia. **Outubro**, São Paulo, n. 14, p. 111-130, 2ª sem. 2006.

MELO, Demian. **Crise orgânica e ação política da classe trabalhadora brasileira**: a primeira greve geral nacional (5 de julho de 1962). Tese de Doutorado, UFF, 2013.

MELO, Demian. **O plebiscito de 1963**: inflexão de forças na crise orgânica dos anos sessenta. Dissertação de Mestrado, UFF, 2009.

MIYAMOTO, Shiguenoli; GONÇALVES, William. Militares, diplomatas e política externa no Brasil pós-64. **Jornal da Tarde**, v. 94, p. 4, 2000.

MORAES, Ana Carolina Reginatto. **A ditadura empresarial-militar e as mineradoras (1964-1988)**. 2019. Tese (Doutorado em História Social) – Universidade Federal do Rio de Janeiro, Rio de Janeiro, 2019.

OLIVEIRA, Eliézer Rizzo de. **As Forças Armadas**: política e ideologia no Brasil (1964-1969). Petrópolis: Vozes, 1976.

PANTOJA, Sílvia. Otávio Mangabeira. *In:* ABREU, Alzira Alves de (coord.). **Dicionário Histórico-Biográfico Brasileiro pós-1930**. Rio de Janeiro: FGV Editora, 2001. p. 3529-3533.

PAYNE, Leigh A. **Brazilian industrialists and democratic change**. Baltimore: The John Hopkins University Press, 1994.

PEDROSA, Mario. **A Opção Brasileira**. Rio de Janeiro: Civilização Brasileira, 1966.

PICCOLO, Mônica. **Reformas neoliberais no Brasil**: a privatização nos governos Fernando Collor e Fernando Henrique Cardoso. São Luis: EDUEMA, 2022.

PINTO, Bilac. **Guerra Revolucionária**. Rio de Janeiro: Editora Forense, 1964.

POULANTZAS, Nicos. **Poder político e classes sociais**. Porto: Portucalense editora, 1971.

REIS, Daniel Aarão. A ditadura civil-militar. **O Globo**, 31 mar. 2012.

RODRIGUES, José Honório. **Conciliação e reforma no Brasil**: um desafio histórico-cultural. Rio de Janeiro: Nova Fronteira, 1982.

RUFER, Mario. El Archivo: de la metáfora extractiva a la ruptura pós--colonial. *In:* GORBACH, Frida; RUFER, Mario (coord.). **(In)disciplinar la investigación**: Archivo, trabajo de campo y escritura. México: Siglo XXI-UAM, 2016.

SANTOS, Cecília MacDowell; TELES, Edson; TELES, Janaína de Almeida (org.). **Desarquivando a ditadura**: memória e justiça no Brasil. São Paulo: Aderaldo & Rothschild Editores, 2009.

SANTOS, Francisco Ruas (org.). **Marechal Castello Branco, seu pensamento militar**. Rio de Janeiro: Imprensa do Exército, 1968.

SANTOS, Luciano Felipe dos. **Paul Aussaresses**: um general francês na ditadura brasileira (um estudo de caso). 2012. Dissertação (Mestrado em História Social) – Universidade de São Paulo, 2012.

SODRÉ, Nelson Werneck. **História Militar do Brasil**. Rio de Janeiro: Civilização Brasileira, 1965.

SOUZA, Jonathas Duarte Oliveira de. **O empresariado e a ditadura militar (1964-1985)**: Aliança Agrária na Amazônia. 2022. 115 f. Dissertação (Mestrado em História) – Universidade Federal de Pernambuco, Recife, 2022.

SPOHR, Martina. A Aliança para o Progresso e o empresariado brasileiro na crise dos anos 1960. *In:* **Empresariado e Ditadura no Brasil**. 1. ed. Rio de Janeiro: Consequência Editora, 2020a. v. 1, p. 329-349.

SPOHR, Martina. **American way of Business**. Curitiba: Appris, 2020b.

SPOHR, Martina. American Way of Business: empresariado e contrarrevolução preventiva no caminho do golpe empresarial-militar de 1964 no Brasil. *In:* SILVEIRA, Zuleide S.; DUARTE, Luiz Claudio (org.). **A contribuição do pensamento latino-americano**: resistir e mudar a realidade do lado de cá. 1. ed. Uberlândia: Navegando Publicações, 2019. p. 155-170.

SPOHR, Martina. **American Way of Business**: o empresariado brasileiro e norte-americano no golpe empresarial-militar de 1964. 2016. Tese

(Doutorado em História Social) – Universidade Federal do Rio de Janeiro, Rio de Janeiro, 2016.

SPOHR, Martina. Contrarrevolução preventiva, "diplomacia privada empresarial" e expansão de capital: o caso do International Executive Service Corps (IESC). **Tempos Históricos (Edunioeste)**, 2023.

SPOHR, Martina. **Empresariado, ditadura e transição política:** reflexões sobre o regime empresarial-militar no contexto do governo Ernesto Geisel (1974-1979). Tempo e Argumento, v. 16, p. e0101, 2024.

SPOHR, Martina. **Páginas Golpistas:** anticomunismo e democracia no projeto editorial do Ipes (1961-1964). 2010. Dissertação (Mestrado em História) – UFF, Niterói, 2010.

STEPAN, Alfred. **Os militares na política.** Rio de Janeiro: Editora Artenova, 1975.

TOLEDO, Caio Navarro de. 1964: golpismo e democracia. As falácias do revisionismo. **Crítica Marxista**, São Paulo, n. 19, p. 27-48, 2004.

TOLEDO, Caio Navarro de. **O governo Goulart e o Golpe de 1964.** 18. ed. São Paulo: Brasiliense, 2004.

TROTSKY, Leon. **Aonde vai a França?.** São Paulo: Desafio, 1994.

VASCONCELOS, Cláudio Beserra de. Os tecnoempresários, a ESG e a ditadura brasileira. *In:* LEMOS, Renato Luis do Couto Neto e; CAMPOS, Pedro Henrique Pedreira; BRANDÃO, Rafael Vaz da Motta (org.). **Empresariado e Ditadura no Brasil.** Rio de Janeiro: Consequência, 2020. p. 211-223.

VIANNA FILHO, Luiz (org.). **Castello Branco:** testemunhos de uma época. Brasília: Universidade de Brasília, 1986.

VILLA, Marco Antônio. Ditadura à brasileira. **Folha de S.Paulo**, 5 mar. 2009.

VIZENTINI, Paulo F. A Política Externa do Regime Militar: da Ideologia Ao Pragmatismo. **Locus**: Revista de História, v. 28, n. 1, p. 38-63, 2022.